新时代产学研
协同创新机制研究

Research on the Collaborative Innovation Mechanism of
Industry-University-Research Collaboration in the New Era

韦政伟⊙著

清华大学出版社
北京

内容简介

本书首先分析当下的时代背景，总结新时代产学研协同创新的研究意义。其次，梳理有关产学研协同创新的现有研究和相关理论，探究新时代产学研协同创新的影响因素、运行模式与动力来源。再次，根据产学研的演变发展，梳理产学研协同发展的历程，并深入分析新时代产学研协同创新的时代要求和发展方向。同时，借助统计数据，重点探究新时代产学研协同创新的现状，考察新时代企业和学研机构参与协同创新的现实基础。最后，总结新时代产学研协同创新的动力与阻碍，并基于演化博弈模型检验新时代政府创新补贴行为，为政府参与产学研协同机制提供政策建议。

本书可供高校财经类专业教学科研人员以及高年级本科生、硕士生和博士生，科研院所从事经济研究和管理研究的人员，各类企业的管理者和研究者，以及研究中国经济问题的海外读者阅读参考。

本书封面贴有清华大学出版社防伪标签，无标签者不得销售。
版权所有，侵权必究。举报：010-62782989，beiqinquan@tup.tsinghua.edu.cn。

图书在版编目（CIP）数据

新时代产学研协同创新机制研究／韦政伟著.
北京：清华大学出版社，2024.9. --（清华汇智文库）.
ISBN 978-7-302-67438-2

Ⅰ.G644

中国国家版本馆 CIP 数据核字第 2024FY8074 号

责任编辑：王　青
封面设计：汉风唐韵
责任校对：宋玉莲
责任印制：沈　露

出版发行：清华大学出版社
网　　址：https://www.tup.com.cn, https://www.wqxuetang.com
地　　址：北京清华大学学研大厦 A 座　　邮　编：100084
社 总 机：010-83470000　　邮　购：010-62786544
投稿与读者服务：010-62776969, c-service@tup.tsinghua.edu.cn
质量反馈：010-62772015, zhiliang@tup.tsinghua.edu.cn

印 装 者：涿州市般润文化传播有限公司
经　　销：全国新华书店
开　　本：170mm×230mm　　印　张：11.75　　插　页：1　　字　数：178 千字
版　　次：2024 年 10 月第 1 版　　印　次：2024 年 10 月第 1 次印刷
定　　价：99.00 元

产品编号：107162-01

摘要

随着中美战略竞争加剧,美国不断扩大对中国信息通信、航空航天、智能制造等高新科技产业的限制和封锁,使中国深刻意识到自主创新的重要性。在这场没有硝烟的战争中,科技创新成为我国高质量发展并在国际竞争中赢得主动的关键。打好关键核心技术攻坚战,建立协同高效的国家创新体系,对于当今的中国可谓迫在眉睫。新时代背景下,企业、高校和科研机构之间形成资源共享、优势互补的产学研一体化协同创新机制,成为提高国家科技创新能力的应有之义。2020 年,习近平总书记在给科技工作者代表的回信中强调:"希望全国科技工作者弘扬优良传统,坚定创新自信,着力攻克关键核心技术,促进产学研深度融合,勇于攀登科技高峰,为把我国建设成为世界科技强国作出新的更大的贡献。"①这既为我国创新发展指明了方向,也对我国产学研协同创新提出了要求。因此,厘清新时代产学研协同创新的发展现状,研究新时代产学研协同创新的运行模式,提出具有全局性、前瞻性及可操作性的政策建议,对我国构建产学研协同创新的新发展格局具有重要的实践意义。同时,本书还拓展了新时代产学研协同创新的相关理论,对提高产学研协同创新绩效、实现经济高质量发展,具有一定的理论价值。

本书首先结合时代背景,指出新时代产学研协同创新的研究意义,梳理产学研协同创新的现有研究和相关理论,从影响因素、运行模式和动力来源等方面进行文献综述。其次,回顾我国产学研协同创新的发展历程,根据产学研演变规律和统计数据,分析新时代我国产学研协同创新的发展现状、时

---

① 习近平回信勉励全国广大科技工作者-新华网 http://www.xinhuanet.com/politics/leaders/2020-05/29/c_1126049503.htm.

代要求和未来趋势。再次,分析新时代产学研协同创新的动力与阻力,基于演化博弈模型对政府创新补贴行为进行检验,总结国内外产学研协同创新的运行模式,并对同方威视的产学研协同创新模式进行案例分析。最后,得出研究结论并提出政策建议。本书研究认为,产学研协同创新是新时代推动我国经济社会发展的重要法宝,产学研协同创新机制是各创新主体相互作用的结果。在产学研协同创新过程中,学研机构是重要节点,企业是重要参与者,政府也发挥着不可替代的作用,而"闭环模型"提高了产学研协同创新的成果转化率。因此,新时代产学研协同创新发展需要打造产学研协同创新平台助力国家科技研发与成果转化,加强关键核心技术协同攻关全力突破"卡脖子"难题,营造良好的创新生态环境降低企业附加成本,完善政策体系为协同创新提供制度保障,提升科技中介服务水平为协同创新提供外部支撑,从而更好地服务国家建设科技强国的战略目标。

关键词:新时代;产学研;协同创新;演化博弈

Abstract

As strategic competition between China and the United States intensifies, the United States continues to increase blockade and restrictions on China's high-tech industries such as information and communication, aerospace, and intelligent manufacturing. This has made China deeply aware of the importance of independent innovation. In this non-physical battlefield, scientific and technological innovation has become the key to our country's high-quality development and actively winning international competition. Therefore, it is urgent for China to focus on breakthroughs in core technologies in key fields, establish a coordinated and efficient national innovation system. In the new era, the formation of a collaborative innovation mechanism of resource sharing and complementary advantages among enterprises, universities and research institutions has become the due meaning of improving the ability of scientific and technological innovation. In 2020, Chinese President Xi Jinping emphasized in his letter to the scientific and technological represents that he hopes the scientific and technological workers nationwide will carry forward the fine traditions, strengthen confidence in innovation, focus on tackling key core technologies, promote deep integration of industry, academia, and research, bravely scale the heights of science and technology, and make new and greater contributions to building China into a world-leading science and technology power. This not only points out the direction of China's innovative development, but also puts forward the requirements in the collaborative innovation between industry, academia, and research in our country. Therefore, it is of great practical value to clarify the development status of collaborative innovation between industry, academia, and research in the new era, systematically study the operating models of collaborative innovation in China, and provide comprehensive, forward-looking, and actionable policy recommendations for the government to build a new development pattern between industry, academia, and research. At the same time, this research expands the theoretical study of collaborative innovation between industry, academia, and research in the new era, and has certain theoretical value in improving the performance of collaborative innovation and achieving high-quality economic development.

Firstly, this book points out the research significance of collaborative innovation between industry, academia, and research in the new era, reviews existing research and relevant theories on collaborative innovation between industry, academia, and research, and provides an overview of research achievements on influencing factors, operating models, and sources of motivation in collaborative innovation between industry, academia, and research both domestically and internationally. Secondly, based on the evolution and development of industry, academia, and research collaboration, it examines the development process of collaborative innovation between industry, academia, and research in China, analyzes the development status, times requirements and future trends of collaborative innovation in the new era according to the evolution law and statistical data. Furthermore, it summarizes the driving forces and obstacles of collaborative innovation in the new era, tests the government's innovation subsidy behavior based on an evolutionary game model, summarizes the operating models of collaborative innovation between industry, academia, and research both domestically and internationally, and conducts a case analysis of the collaborative innovation model of Hikvision, a Chinese company. Finally, it concludes the research findings and provides corresponding policy recommendations. The research of this book concludes that collaborative innovation between industry, academia, and research is an important tool for development in the new era, and the collaborative innovation mechanism is the result of interactions among various entities. In the process of collaborative innovation between industry, academia, and research, universities serve as important nodes, enterprises are crucial participants, and the government plays a significant role. The "closed-loop model" improves the conversion rate of collaborative innovation outcomes. Therefore, in order to promote the development of collaborative innovation between industry, academia, and research in the new era, it is necessary to create collaborative innovation platforms to support national scientific research and technology transfer, strengthen the collaborative research of key core technologies to break through the "bottleneck" problem, create a good innovation ecological environment to reduce the additional cost of innovation, improve the policy system to provide mechanism guarantee for collaborative innovation, improve the level of science and technology intermediary service to provide strong support for collaborative innovation, and then better serve the national strategic goal of building a scientific and technological powerhouse.

Keywords: the new era; industry-university-research; collaborative innovation; evolutionary game

目 录

第1章 绪论 ... 1
1.1 研究背景和意义 ... 1
1.1.1 研究背景 ... 1
1.1.2 研究意义 ... 3
1.2 研究思路与技术路线 ... 5
1.2.1 研究思路 ... 5
1.2.2 技术路线 ... 5

第2章 文献综述与理论基础 ... 7
2.1 相关概念的界定 ... 7
2.1.1 产学研协同 ... 7
2.1.2 协同创新 ... 9
2.1.3 产学研协同创新 ... 11
2.1.4 机制 ... 15
2.2 文献综述 ... 16
2.2.1 产学研协同创新的动力研究 ... 16
2.2.2 产学研协同创新的模式研究 ... 19
2.2.3 产学研协同创新的影响因素研究 ... 21
2.3 理论基础 ... 23
2.3.1 协同理论 ... 23
2.3.2 创新理论 ... 24
2.3.3 开放式创新理论 ... 25

2.3.4 跨区域创新合作理论 ·· 26
2.3.5 社会网络理论 ·· 26
2.3.6 三螺旋理论 ·· 27
2.4 本章小结 ·· 29

第3章 新时代中国产学研协同创新的历程与时代要求 ············ 30

3.1 新时代中国产学研协同创新的历史进程 ······························ 30
 3.1.1 计划经济时期产学研的"被动"阶段 ······················ 31
 3.1.2 产学研联合阶段：聚焦技术创新(1984—2005年) ······ 32
 3.1.3 产学研融合阶段：聚焦自主创新(2006—2011年) ······ 35
 3.1.4 产学研协同创新阶段：重大科技转型(2012年至今) ··· 37
3.2 新时代中国产学研协同发展的时代要求 ······························ 40
 3.2.1 协同创新是新时代创新发展的必然选择 ··················· 40
 3.2.2 协同创新是破解核心技术"卡脖子"困境的关键支撑 ··· 42
 3.2.3 协同创新是推进创新发展战略的重要抓手 ··············· 44
3.3 本章小结 ·· 46

第4章 新时代中国产学研协同创新的发展现状 ······················ 47

4.1 中国创新活动整体概况 ·· 47
 4.1.1 我国与西方的科研基础存在差距 ····························· 47
 4.1.2 创新活动偏向"重实用轻基础" ······························ 49
 4.1.3 研发投入呈"东南强中西弱"局面 ·························· 51
4.2 高校创新活动及参与协同创新的现状 ·································· 52
 4.2.1 高等院校的科研基础夯实 ··· 52
 4.2.2 高等院校的科研成果多,且以发明专利居多 ············ 56
 4.2.3 不同院校科研经济产出水平差异大 ·························· 58
4.3 企业创新活动及参与协同创新的现状 ·································· 60
 4.3.1 产品创新成果突出 ·· 61
 4.3.2 民营企业日益成为创新主体 ····································· 63
 4.3.3 自有资金是企业科研经费主力 ································ 65

4.4 科研机构的创新活动及参与协同创新的现状 ……………… 66
    4.4.1 中央与地方的科研基础差距显著 ………………… 66
    4.4.2 科研投入力度大,且政府资金占主要地位 ………… 68
    4.4.3 科研成果虽丰富,但仍以发明专利为主 …………… 69
4.5 本章小结 …………………………………………………… 71

第5章 新时代产学研协同创新动力与路径选择 …………… 72

5.1 新时代产学研协同创新的动力与阻力 ……………………… 72
    5.1.1 新时代产学研协同创新的动力 ……………………… 73
    5.1.2 新时代产学研协同创新的阻力 ……………………… 80
5.2 新时代政府介入产学研协同创新的激励行为 ……………… 82
    5.2.1 政府资助与产学研协同创新 ………………………… 84
    5.2.2 基于演化博弈模型分析 ……………………………… 85
    5.2.3 仿真分析 ……………………………………………… 97
5.3 新时代产学研协同创新的路径选择 ………………………… 106
    5.3.1 人才培养型协同创新方式 …………………………… 107
    5.3.2 研究开发型产学研协同创新方式 …………………… 109
    5.3.3 生产经营型产学研协同创新方式 …………………… 111
5.4 本章小结 …………………………………………………… 113

第6章 新时代产学研协同创新运行模式选择与案例分析 … 114

6.1 产学研协同创新的运行过程与内在运行机制 ……………… 114
    6.1.1 产学研协同创新的运行过程 ………………………… 115
    6.1.2 产学研协同创新的内在运行机制 …………………… 118
6.2 产学研协同创新运行模式选择 ……………………………… 121
    6.2.1 国外产学研协同创新模式 …………………………… 121
    6.2.2 国内产学研协同创新模式 …………………………… 129
6.3 产学研协同创新运行模式的案例:同方威视 ……………… 138
    6.3.1 同方威视成立的背景与发展历程 …………………… 138
    6.3.2 同方威视协同创新的知识转移模式 ………………… 144

                6.3.3 同方威视协同创新发展不同阶段的运行模式 ………… 151
                6.3.4 同方威视协同创新的生态系统 …………………… 154
        6.4 本章小结 …………………………………………………… 156

第7章 研究结论与对策建议 ………………………………………… 158
    7.1 研究结论 ……………………………………………………… 158
        7.1.1 产学研协同创新发展是新时代顺应时代发展的
              重要法宝 ……………………………………………… 158
        7.1.2 产学研协同创新机制是各主体相互作用的结果 …… 159
        7.1.3 高校成为产学研协同创新的重要节点 ……………… 159
        7.1.4 企业是产学研协同创新的积极参与者 ……………… 160
        7.1.5 政府在产学研协同发展中发挥重要作用 …………… 160
        7.1.6 "闭环模型"的运行模式提高了产学研协同创新的
              成果转化率 …………………………………………… 161
    7.2 对策建议 ……………………………………………………… 161
        7.2.1 打造产学研协同创新平台,助力国家科技研发与
              成果转化 ……………………………………………… 162
        7.2.2 加强关键核心技术协同攻关,全力突破"卡脖子"
              困境 …………………………………………………… 162
        7.2.3 营造良好的创新生态环境,降低创新外部成本 …… 163
        7.2.4 完善政策体系,为协同创新提供机制保障 ………… 163
        7.2.5 提升科技中介服务水平,为协同创新提供有力
              支撑 …………………………………………………… 163

参考文献 ……………………………………………………………… 165
后记 …………………………………………………………………… 173

第 1 章 绪 论

本章主要阐述新时代产学研协同创新机制研究的选题缘由、研究意义、研究思路与技术路线等问题,为整个研究奠定基础。

1.1 研究背景和意义

1.1.1 研究背景

进入 21 世纪以来,经济竞争的核心战场开始聚焦技术竞争。要想在激烈的竞争中生存并实现长远发展,企业和国家都必须重视创新活力,积极参与创新活动,推动技术进步。尤其是在科技创新、新型冠状病毒疫情和世界经济下行等多重因素叠加作用下,全球产业结构开始进入新一轮调整周期。为了占据有利地位,各发达国家纷纷重新选择实施"制造业回归"和"再工业化"战略,使高端产品技术领域向发达国家回流的"逆转移"趋势逐渐显现。与此同时,以印度、巴西为首的一些新兴经济体也积极融入全球产业分工体系。在这种情境下,我国经济遭受着发达国家高端先发效应和其他新兴经济体相对比较优势交互作用下的双重压力。为了应对国际国内双重压力,我国不断提高研究与发展(Research and Development,R&D)的经费投入。其中,R&D占国内生产总值(GDP)的比重已经超过欧盟的平均水平,达到2%。然而,作为发展中国家,我国的技术创新基础与发达国家仍然存在较大差距。尤其是作为创新主体的企业面临由于自身创新能力不足而受制于发达国家的困境。例如,以2018年6月时任美国总统特朗普宣布对中国500亿美元商品清单①加征关税为标志,美国发起了中美贸易战,禁止向中兴通讯公司出售芯片,并屡次针对中国的知识产权展开调查。我们看到,无论是位列全球第四大通信设备制造商的中兴通讯公司还是中国民营企业的佼佼者华为公司,在应对美国制裁时都面临严峻的困难与挑战。探究造成这个局面的原因可以发现,在国际政治因素、历史因素(起步晚)、现实因素(主导理念偏差导致创新动力不够)这三重因素的推动下,我国科技企业的核心技术严重依赖欧美国家(宋国友,2020)。我们曾经采用"造不如买,买不如租"的解决方案,但是"国产芯片"之痛,让我们不得不直面中国企业自主创新的现状,同时深刻反思中国企业自主创新的差距和出路。不难发现,美国制裁中兴通讯公司和华为公司的真实目的是阻碍中国制造业的快速发展。在这个没有硝烟的战场上,创新能力的提高是决定胜负的重要砝码。由此可知,抓住核心技术攻关重点,建立核心技术协同创新体系,对于促进中国稳步发展迫在眉睫。

在这一背景下,企业自主创新除了依靠自身的研发团队,还要寻求与高校及科研机构进行联合,提高企业的国际竞争力,实现产学研协同创新的共赢。2020年,习近平总书记在给科技工作者代表的回信中强调:"希望全国科技工作者弘扬优良传统,坚定创新自信,着力攻克关键核心技术,促进产学研深度融合,勇于攀登科技高峰,为把我国建设成为世界科技强国作出新的更大的贡献。"②这既指出了我国创新发展的路径方向,也标志着我国产学研协

---

① 数据来源:2018年6月15日美国政府发布的加征关税商品清单。
② http://www.ce.cn/xwzx/gnsz/gdxw/202005/30/t20200530_35008759.shtml。

同创新迈向了新高度。在国家的大力支持下,产学研协同创新正在奋力前进,但目前仍存在产学研协同创新效率低下、无法充分发挥协同效应等问题。因此,本书通过对产学研协同创新的历程、时代要求及发展现状的分析,探讨产学研协同创新发展的阻碍与动力;通过数理模型分析政府参与产学研协同创新的理论依据,为政府促进产学研协同创新提供政策依据,并通过案例分析探索适合中国产学研协同创新发展的运行模式,对促进我国产学研协同创新发展具有重要意义。

1.1.2 研究意义

20世纪70年代以来,改革开放一直是我国持续发展的动力。40多年来,随着小康社会的基本实现,我国国内改革也进入了新阶段。我国针对国内外的发展现状,从实际出发,制定了许多具有中国特色的改革政策,增强宏观调控的有效性,提高市场机制的完善度,推进创新体系建设,从而促进经济高质量发展。产学研协同创新是近年来党和政府促进创新发展的重要抓手。产学研协同创新能够通过整合创新要素来优化各个创新主体的创新短板,实现资源的共享与创新绩效的共赢,为国家的创新提供源源不断的活力。因此,产学研协同创新作为新时代一种新的合作、开放、共享的高效创新模式,逐渐成为国家创新体系的重要组织形式(何郁冰,2012)。政府多次重要会议上均强调,"要优化重大科技基础设施布局,促进科技资源的开放共享,打造跨学科、跨领域、产学研用协同的高效科技攻关体系",要实现经济的高质量发展,促进产学研协同创新是必不可少的。因此,如何深入探究产学研协同创新已经成为新时代促进经济高质量发展的重要命题。本书在文献分析、理论探究及数理研究的基础上,结合新时代发展特点探究产学研协同创新机制,具有重要的现实意义。

(1)世界百年未有之大变局加速演进,新一轮科技革命和产业变革浪潮扑面而来。纵观世界各国产学研协同创新的发展历史,产学研协同创新是世界各国经济、科技、社会发展共同作用的产物,是科学知识和生产方式变革推动、市场需求牵引、经济利益及自我发展驱动等力量交互作用、相互博弈、共同影响的结果。① 当前,机遇与风险叠加,改革创新成为我国各地挖掘增长潜力、增强发展后劲的共同选择。党的二十大报告指出,"要坚持以推动高质量发展为主题,把实施扩大内需战略同深化供给侧结构性改革有机结合起来""完善科技创新体系。坚持创新在我国现代化建设全局中的核心地位"。尤其是西方国家出现明显的逆全球化倾向,贸易保护越发猖獗,全球贸易环境进一步恶化。在这种背景下,如何提高应对国际贸易风险的能力,在国际竞争中站稳脚跟,从而最大限度地降低贸易环境不确定性带来的损失是我国亟待解决和研究的课题。尽管政府出台了多项举措来激励企业的创新活动,但企业依然面临投资动力严重不足的现实困境。本书试图通过探究产学研协同创新的运行模式,找出促进产学研协同创新的路径,为优化产学研协同创新环境提供政策建议。

(2) 中国经济进入调整结构稳增长的新阶段,这种经济新常态下挑战与机遇并存。在增速放缓的大前提下,中国经济增长方式发生转变,"粗放型"显然不再适应新阶段经济增长需求,"技术型""创新型"的经济增长方式,将会给中国经济带来新的发展机遇。"技术型""创新型"的经济增长方式需要企业在发展中不断进行创新突破,企业的创新能力对经济增长方式转变具有重要影响。在新时代背景下,企业提高创新能力需要专业院校及科研机构的合作支持,产学研协同创新越来越重要。因此,企业与高校及科研机构的协同创新是一个值得研究的重要问题。

(3) 经济高质量发展需要政府的调控,政府的创新政策扮演重要角色。政府发布政策并执行,实施对象多为企业,企业也是创新补贴发放的重要对象。但政府和企业的角色各异,信息的获取与理解不同,因此会导致政府的政策给企业创新的积极性带来影响。如何让企业更多地自主创新,更多地参与产学研协同创新仍然值得研究。政府的创新政策调整与产学研协同创新间的关系研究有着较为重要的现实意义。本书试图构建政府介入产学研协

---

① 蓝晓霞.产学研协同创新的形成机理探析[J].中国高校科技,2014(6):30-33.

同创新的数理模型,整理企业参与协同创新行为的必要条件,为企业改善创新治理环境、政府促进产学研协同创新提供理论基础。

1.2 研究思路与技术路线

1.2.1 研究思路

本书从现实问题出发,运用产学研协同创新的相关理论,通过演化博弈模型和案例解析,探讨我国产学研协同创新的历程、发展现状和路径选择,为我国政府制定相应的政策、企业和学研机构制定合理的创新活动计划提供理论依据。

本书的研究思路是:在分析新时代产学研协同创新的时代背景和研究意义的基础上,运用产学研协同创新的相关理论,根据产学研的演变规律,梳理产学研协同发展的历程和时代要求,并探究新时代产学研协同创新的影响因素、运行模式与动力来源,考察新时代企业和学研机构参与协同创新的现实基础,总结新时代产学研协同创新的动力与阻力,并基于演化博弈模型检验新时代政府创新补贴行为,为政府参与产学研协同创新机制提供政策建议。

1.2.2 技术路线

如图1.1所示,首先,在现实研究基础上确定研究主题,然后进一步进行资料整理和数据收集,发掘研究视角,提炼研究主题,为本书的研究打下文献基础。其次,通过理论分析构建各个子问题的理论模型;再次,采用具体的方法对上述子问题进行案例研究。最后,通过理论分析,得出研究结论和对策建议。

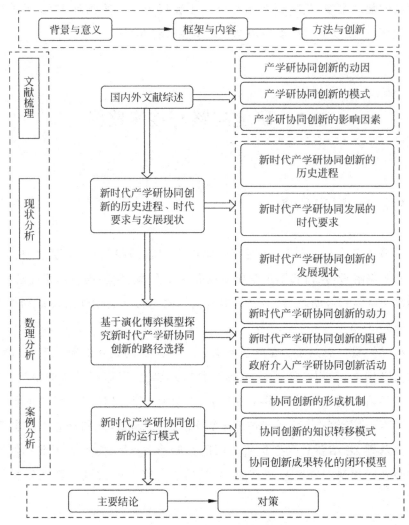

图 1.1　本研究的技术路线

数据来源：作者整理

第 2 章 文献综述与理论基础

本章将对研究对象进行界定,并对产学研的现有研究及协同创新相关研究进行综述,梳理相关研究的发展脉络和产学研协同创新的相关理论,为后面的定量分析奠定理论基础。

2.1 相关概念的界定

如果对协同创新的内涵、模式和特征界定不清,就会导致协同创新的逻辑起点错位。通过科学界定产学研、协同创新和产学研协同创新的相关内涵,可以提高本研究的严谨性、逻辑性、规范性和准确性。

2.1.1 产学研协同

关于产学研概念,"产"指的是企业,"学"指的是大学,"研"在我国指的是科研院所(研究机构)。"协同"一词在《现代汉语词典》中的解释为:各方互相配合或甲方协助乙方做某件事,在英文中有synergy、collaboration、cooperation、coordination等多种表述,是指两种或两种以上的事物相加或调配在一起,所产生的作用大于事物单独作用时的总和,即"1+1>2"。"协同"在语义上与"合作"具有一定的相似性,但二者的差异也是非常明显的。"合作"更偏重参与活动时参与者以自身利益为主,而"协同"更偏重参与活动时参与者之间彼此信任、利益共享,与传统意义上的合作有明显区别,更多以各方利益为导向进行深入、有效、默契的活动。"协同"源于企业战略,是由战略管理之父安索夫(1965)提出的。安索夫认为,产品市场、竞争优势、协同都是企业战略的重要因素,这些因素能够有效地增强公司的协同效应。系统化的协同学在1971年由德国著名物理学家哈肯提出,他认为,在开放系统中,作为一个整体工作是困难的,特别是当子系统支离破碎和混沌时,可能导致系统最终崩溃。相反,相互协调、配合的子系统能够增强系统的完整性,一个相互融合的整体能够带来比子系统加在一起更大的效益。综上所述,协同是指复杂系统中不同子系统之间通过相互作用和协调而超越相互独立获得的效用,使整个系统的结构和功能从无序走向有序,最终实现整体的统一。

产学研协同又称产学研一体化,它可以通过增加有效的交流次数来加强生产者和研究者的合作与协作,使知识和技术可以顺利地从上游流向下游,最终实现知识、技术和生产的综合应用。从本质上看,它是一个善用不同资源的过程,以促进企业、教育和研究各方利益的实现,并实现帕累托最优的目标。

产学研的内涵随着实践不断发展,外延也不断扩展。但是,从现有学术研究看,关于产学研协同概念统一性、标准的界定还比较缺乏。刘芳(2012)认为,产学研一体化是具有创新意义的活动,是一条新的、有效的跨组织协作途径,给企业带来竞争优势,为院校的知识进行资本化。陶爱祥(2012)认为,产学研一体化是以高校、科研院所、企业和中介机构(涵盖政府、财政、科技等多种形式)为核心的一种协同合作模式。

具体来看,产学研协同不再是传统的仅以生产者和研究者为主体,而是已经扩展到金融、技术贸易等中介部门或政府机构等。在借鉴现有文献的基础上，本书将产学研协同定义为企业在研发新产品或开发新项目时，与企业外的高校或科研院所进行合作。在跨组织合作中，生产要素得到进一步优化，更容易达到技术创新的目的，更容易完成新产品的开发。在协同过程中，企业接收技术，高校及科研院所输出技术实现资本化。教育、科技、创新和经济发展既离不开高校及科研机构的不断研发，也离不开企业的投资与需求的提出，二者之间的联动越来越重要。因此，产学研合作已成为提高国家创新能力的重要手段之一。

2.1.2 协同创新

1912年，熊彼特(Schumpter)首次提出"创新理论"的概念，指出创新是组合生产要素，开发新技术、新产品、新工艺，开拓新市场，并获取经济效益的过程。① 赫尔曼·哈肯(Hermann Haken,1971)提出了协同理论，认为协同是各类系统的各部分之间互相协作，从而使系统形成新的结构和特点的过程。② 协同创新最早是由美国麻省理工学院的彼得·格洛尔(Peter Gloor,2006)提出的。他认为，协同创新是"由自我激励的人员所组成的网络小组形成集体愿景，借助网络交流思路、信息及工作状况，合作实现共同的目标"。③ 协作是格洛尔在协同创新中关注的焦点，在协作创新中，人们聚集在一个群体网络中，根据想法、信息和技术进行网络化，最终实现共同的目标。与格洛尔的结论不同，珀克曼(Perkmann,2007)更注重协同中的合作共赢，尤其重视对协同创新参与者行动的研究，并指出协同创新分为两个维度——整合维度和互动维度。正是这两个维度促进了各创新要素之间的协调与互动，最终实现了整体和各参与者的最优创新产出。赛拉诺(Serrano,2007)等则认为协同创新的

---

① 陈卫东,李晓晓. 产学研协同创新互动模式分析[J]. 天津大学学报(社会科学版),2016,18(1):1-5.

② 陈卫东,李晓晓. 产学研协同创新互动模式分析[J]. 天津大学学报(社会科学版),2016,18(1):1-5.

③ Collaborative Innovation Network[EB/OL]. http://en.wikipedia.Org/wiki/Collaborative_innovation_network,2013-1-24.

过程包括整合和互动，创新主体之间在信息共享的基础上联合策划、共同行动，实现系统同步发展。①

胡恩华等（2007）基于协同创新视角探究企业外部环境与创新系统之间的协同活动，其研究表明资源配置的合理性需要协同创新，在协同过程中，创新企业的活力不断被激活，竞争力逐步加强，能够更快地适应创新集群生态的企业在协同中被发现并不断发展壮大，资源配置在过程中也得到优化。常西银等（2018）通过对产业集群技术的优势以及如何顺利开展集群活动的研究，发现产业中的技术创新及优化主要得益于协同创新的行为。这些技术创新及优化的协同过程是协同创新的重点创新活动，从某个企业至相关企业的整个链条，再到企业集群是一个过程，企业在节点间进行了技术与知识的融合并转移。焦媛媛（2015）认为，协同创新是一种过程，这个过程是指不同创新主体利用各自拥有的创新要素共同参与创新活动实现共赢。只有协同创新才能在烦琐的相互作用中实现全局最优。盛伟忠（2015）则强调，与开放式创新相比，协同创新是一个比较新颖的创新合作方式，且更具创新效率，因为协同创新借助知识和技术的相互作用，构建能够辅助多种创新要素进行互动互利的活动，从而实现非线性的叠加效应。陈劲（2015）认为，协同创新是一个以知识增值为核心的复杂创新模式，它通过企业、政府及科研单位在一起通过整合协调创新资源，实现重大科技创新的突破。本质上，协同创新是一个多元化系统，其核心是凭借多元化的创新平台促进不同创新主体之间人才、资本及信息等要素的流通，来打破不同创新主体之间的壁垒，实现资源的优化配置，从而获得最大程度的创新绩效（陈劲等，2021）。

总体上，协同创新不同于一般意义上的合作创新，也不是产学研合作的简单继承，而是产业发展、人才培养与科学研究三方功能的协同与集成化，是以知识增值为核心，企业、政府、知识生产机构（大学、研究机构）、中介机构和用户等为了实现重大科技创新而开展的大跨度资源整合的创新组织模式，是跨组织、跨部门的创新行为，可分为微观和宏观两个层次。微观层次的协同

---

① Serrano V, Fischer T. Collaborative innovation in ubiquitous systems[J]. Journal of Intelligent Manufacturing, 2007, 18(5): 599-615.

创新是指组织（企业）内部形成的知识（思想、专业技能、技术）共享机制，特点是参与者拥有共同目标、内在动力，直接沟通，依靠现代信息技术构建资源平台，进行多方位交流、多样化协作；宏观层次的协同创新则是指各方达成一般性资源共享协议，实现单个或若干项目合作，开展跨机构跨组织多项目协作，其目前主要的运作形式就是产学研协同创新，是指企业、大学、科研院所（研究机构）三个基本主体投入各自的优势资源，发挥各自的能力，在政府、科技服务中介机构、金融机构等相关主体的协同支持下，共同进行技术开发的协同创新活动，其实质是国家创新体系中知识创新体系与技术创新体系的结合与互动，是科技教育与经济的融合发展。[①]

2.1.3 产学研协同创新

学者们在对合作理念、创新理念进行整合及进一步深化，以及在研究促进企业创新动力的过程中，将协同理念运用于促进产学研合作发展，从而形成产学研协同创新。产学研协同创新最早出现在埃茨科威兹（Etzkowitz，1995）等的相关研究中。埃茨科威兹认为产学研协同创新是指协同创新的参与主体间以协调和制度等方式通过合作找到实现创新系统升级和演化的更好方法，从而实现高效率、高效能和高溢出的资源盘活率。彭纪生等（2000）指出，产学研协同创新是让企业、高校、科研机构合作互补，发挥各自优势，通过共同开展技术创新的合作模式，达到"1＋1＋1＞3"的效果。[②] 鲁若愚（2002）指出，产学研协同创新是合作各方以资源共享或优势互补为前提，以共同参与、共享成果、共担风险为准则，为共同完成一项技术创新所达成的分工协作的契约安排。[③] 陈劲和阳银娟（2012）则认为，产学研协同创新是企业、政府、知识生产机构、中介机构和用户等为了实现重大科技创新，通过国家意志的引导和机制安排，发挥各自的能力优势，加速技术推广应用和产业化，协

---

① 周正,尹玲娜,蔡兵.我国产学研协同创新动力机制研究[J].软科学,2013,27(7):52-56.
② 彭纪生,吴林海.论技术协同创新模式及建构[J].研究与发展管理,2000,12(5):12-16.
③ 鲁若愚.企业大学合作创新的机理研究[D].北京：清华大学博士论文,2002.

作开展产业技术创新和科技成果产业化活动的创新组织模式。[①] 洪银兴(2012)指出,产学研协同创新是在以科学新发现为导向的技术创新中,大学和企业各方共同建立研发新技术的平台和机制、共同参与新技术研发的协同创新活动。[②] 由此,学术界对产学研协同创新内涵并未达成统一认识,学者们均强调了产学研协同创新的多主体性,而未突出企业的主体地位和主导作用。但值得注意的是,产学研协同创新在涉及企业、高校和科研机构等创新主体的同时,强调政府、财政、科技等中介机构参与的必要性。

目前,许多学者基于多元化的视角,采用多样化的研究方法研究了产学研协同创新的模式和实践应用等。宋东林等(2011)从情景和过程视角,分析了适合中国国情的产学研协同创新模式,并结合"2011计划"探究了中国情景创新模式。赵健(2015)构建了"政产学研用创"六位一体的协同创新模式。孙健慧和赵黎明(2017)基于微分对策理论构建政府、传统产业与新兴产业之间的三方博弈理论,通过数理模型探究政府扶持、不参与合作和参与协同创新三种模式下企业、高校和研究机构实现创新效益最大化时的最优策略,以及三个不同创新主体共赢的成本分担方式。纳杰菲(Najafi)和诺德(Naude,2018)等通过网络化定义产学研协同创新,将其界定为企业与不同创新主体(如政府、高校、科研机构等)的合作,以达到开发新产品、开拓新渠道、探索新增长模式、获取更多利润等目的。

陆园园等(2017)认为,产学研协同创新是以企业、高校、科研机构三大核心主体为框架,以企业优越的能力和资源为基础,以高校及研究机构的理论及技术为支撑,进行技术开发和研发产品成果转化的一种协同活动。王晓红和张奔等(2018)实证测量和比较了中美四类创新主体的协同创新程度和发展趋势。王海军和陈劲(2018)从合作效益角度,将产学研协同创新定义为一种新的创新组织,是各协同主体通过协同活动获得"1+1>2"的非线性效用的大规模集成组织。弗洛里安(Florian,2019)根据香农信息熵理论,应用三

---

① 陈劲,阳银娟.协同创新的理论基础与内涵[J].科学研究,2012,30(2):161-164.
② 洪银兴.科技创新中的企业家及其创新行为——兼论企业为主体的技术创新体系[J].中国工业经济,2012(6):83-93.

螺旋模型的算法实证检验了产学研协同创新的效率。费舍尔(Fischer,2019)等认为产学研协同创新活动主要是不同创新主体(企业、大学和研究机构)试图通过协同合作效应来获得各自创新效益的过程。王文静和高敏雪等(2019)从资源所有权视角定义了产学研协同创新,指出其是拥有不同优势资源的企业、高校和科研机构,为了进一步整合各创新主体的资源达到多方获利的目的。甘斯(Gans,2008)等基于资源融合角度界定了协同创新,认为协同创新是一个将知识、技术与信息多方资源进行共享融合的过程,同时着重强调其过程是复杂的,这主要是由于产学研协同创新过程包含了沟通、协调、合作、选择和共赢等多个方面。刘丹和闫长乐等(2013)则从生态创新系统理论的角度界定产学研协同创新,将其定义为在一个信息复杂多变的网络环境中,创新系统内各个创新主体通过资源共享和互动协作来促进创新系统的创新绩效和协同能力。Rajalo 和 Vadi(2017)则验证了政府在协同创新系统中的促进作用。吴悦等(2016)指出,基于各个协同主体的知识互补、优势要素重组,实现"1+1>2"的协同效应是产学研协同创新的本质。Lim(2015)结合中国的案例,运用新的三层中心—外围框架,定义了多元创新主体的协同创新生态系统,不仅详细剖析了创新系统运行机制的创意、创业、投资及创新的四个阶段,还探究了创新生态系统的结构以及多方创新主体的协同和整体目标运作情况。

结合"产学研协同"和"协同创新"的内涵演变,我们将产学研协同创新定义为:在一个创新生态系统中,基于"资源互补、利益共享、风险共担、互利双赢"的原则,具有不同创新资源优势的企业、大学和科研机构等创新主体,注重主体间的资源互补,在政府、科技中介服务机构及金融机构等相关主体的协助下,通过共同开展一系列的创新活动来实现各自创新绩效的过程。其实质是各方通过技术、人才等生产要素的有效组合来促进创新。通过产学研协同创新,使科学研究与工业生产紧密衔接,实现技术、资金、人才等创新要素的集约集聚和优化配置,从而加快科技成果产业化。在产学研协同创新过程中,企业、大学和科研机构三大基础创新主体为了实现技术创新的共同目标而相互协作,将人才、技术、设备、信息和管理等要素整合在一起,通过资源共享、风险共担、联合攻关、分工协作等方式使其形成一个有机发展的生态圈，发现、发展各主体在生态圈中的位置和作用，从而进一步驱动各主体共生发展，最终使创新生态系统产生"1+1+1＞3"的协同效应。从本质上看，产学研协同创新本身是一项经济活动；既然是经济活动，那么各主体参与活动最根本的动力便是获取收益；从收益形式看，既有研发成果（学术论文、专利等）、声誉等非经济收益，也有新产品销售收入等经济收益；从收益所有权看，可分为合作整体收益和各合作主体的个体收益。①

与传统的产学研合作相比，产学研协同创新不仅具有合作之意，还更加突出"1+1+1＞3"的协同效应，其特点主要体现在以下几个方面：② ①创新组织的协同性。产学研协同创新是协同学理论在技术创新领域的运用，其组织形式比传统的产学研合作更为复杂、更加紧密。作为一种多主体、大跨度整合的创新组织，产学研协同创新形成了以高校、企业、研究机构为核心要素，以政府、金融机构、中介组织、创新平台等为辅助要素的多元主体协同互动的网络创新模式。③ ②创新资源的集成性。产学研协同创新能够打破学科、组织、体制、机制的樊篱，突破部门、区域、行业甚至国别的界限，最大限度地集成和汇聚各创新主体的人才、资金、技术、设备、信息等创新资源与要素，促进教育、科研、产业等不同分工系统资源的优化配置、深度融合、协同攻关以及创新链中知识创新主体与技术创新主体的有效对接。③创新系统的高效性。产学研协同创新系统各参与主体（子系统）及要素通过复杂的非线性相互作用，进行密切配合和协同，能够产生系统叠加的非线性效用及整体效益大于部分效益之和（"1+1+1＞3"）的协同增值效应，确保系统整体的协同性和高效性。④创新成果的共享性。协同创新各主体之间利用资源共享平台，相互学习和交流知识，实现信息双向流动、知识资源共享及创新成果共享，进而提高参与主体的创新能力和综合实力。⑤创新活动的持

---

① 徐梦丹，朱桂龙，马文聪.产学研协同创新动力机制分析——基于自组织特征视角[J].技术经济与管理研究，2017(6)：9-13.

② 王章豹，韩依洲，洪天求.产学研协同创新组织模式及其优劣势分析[J].科技进步与对策，2015,32(2)：24-29.

③ 陈劲，阳银娟.协同创新的理论基础与内涵[J].科学研究，2012,30(2)：161-164.

续性。产学研协同创新组织一般都是以契约或产权为纽带,将产学研各方聚集并形成紧密型组织。协同创新项目一般都是重大项目,有利于产学研各方建立长期、稳定的协同互动与密切合作关系,推动整个产学研系统持续创新。

2.1.4 机制

"机制"一词的英文为 mechanism。在《牛津词典》中,"机制"是指机械装置或机体的"结构"和"共同作用"。《现代汉语词典》中对"机制"的解释分为四种:①机器的构造和工作原理,如计算机的机制;②机体的构造、功能和相互关系,如动脉硬化的机制;③某些自然现象的物理、化学规律,如优选法中优化对象的机制,也叫机理;④泛指一个工作系统的组织或部分之间相互作用的过程和方式,如市场机制、竞争机制。① 在社会科学领域,"机制"用于研究各种社会事务和现象之间的结构、相互关系和内外影响。其基本内涵是:①事物各组成要素的联系,即结构;②事物在有规律性的运动中发挥的作用、效应,即功能;③发挥功能的作用过程和原理。综合以上三点,机制即"带规律性的模式"。例如,利用机制原理,系统论将各种各样的社会组织看作由不同部分(子系统)组成的系统,通过各个部分之间相互联系、相互作用的机制,分析系统整体功能和各部分的调整与变化。②

根据以上定义,我们将"机制"界定为:在产学研协同创新一定结构中各创新要素之间相互关系的运作方式,包括企业、高校、科研院所、政府在整个产学研协同创新过程各环节的运行原理、相关制度及其作用方式等,并将重点放在驱动机制、运行机制和保障机制三个方面。③

---

① 现代汉语词典[M].北京:商务印书馆,2012:597.
② 王洪明.复杂性视角下的教育决策机制研究[D].大连:辽宁师范大学,2008:15-16.
③ 蓝晓霞.美国产学研协同创新机制研究[M].北京:北京交通大学出版社,2014:7-8.

2.2 文献综述

1966年,美国学者林肯(Lincoln)开创了产学研理论研究的先河。[①] 之后,在长达半个多世纪的研究历程中,出现了众多经典的、有深远影响的研究成果。大量学者围绕产学研协同创新的内涵展开分析,对其演变及合作模式、运行机制等进行深入探究,并科学系统地回答产学研协同创新"是什么""为什么""怎么做"等关键问题,但不同时期的研究热点明显不同,从早期对产学研组织模式的路径探索到对教育改革、政策激励和知识产权保护等制度保障予以关注,再到在国际创新竞争加剧背景下强调创新环境建设和提高基础创新能力的重要作用。研究重点主要放在产学研协同创新的动力因素、运行模式及影响因素等方面。

2.2.1 产学研协同创新的动力研究

缺乏推动力一直是阻碍产学研协同创新的问题之一。推动力可以说是产学研协同创新的动因,是关系产学研协同创新发展的关键性问题之一。

(1) 基于不同主体优势互补的视角。不同的主体为了共赢的目标寻找优势互补的主体进行协作,发挥各自优势,实现创新成果,是产学研参与主体间建立优势互补协同创新关系的重要基础。高希(Ghosh,2007)基于交易成本理论探究了产学研协同创新的动力因素,认为在创新系统中交易成本会在很大程度上影响企业的创新活动动力,具体来说,交易成本主要包括信息收集、

[①] Lincoln T. Problems and rewards in university-industry cooperative research [J]. Environmental Sciences, 1966(12): 452-455.

谈判和监督等成本。在营商环境较差的地区，这些成本甚至超过企业内部的生产成本，因此产学研合作创新成为企业降低交易成本的自主选择。莫里森(Morrison,2008)指出，达成协作关系是合作双方相互学习的基础，双方的深入交流互动只有建立在这种协作关系的基础上，才能实现隐性知识的共享，市场交易很难实现这种知识共享。Yan和Dooley(2014)通过数据分析指出，产学研合作活动已经成为企业获得知识创新的重要渠道之一。纳瓦斯(Navas,2011)认为，产学研主体间的差异性、互补性是协同的基础，也是合作创新的动力。具体来说，高校和科研机构的优势在于先进的科研环境、完备的前沿技术信息、集聚的人才队伍及丰富的理论和经验，但高校和科研机构缺乏充足的科研费用及准确的市场信息；企业的优势在于创新投入的资金充足、科研成果的商业化速度快、市场信息获取全面、营销经验丰富，以及生产和检测设备及场所完善，而其最大的劣势就是基础研究、人力资源和科技知识的匮乏(甄红线,2013)。于兆吉等(2015)从比较优势入手，得出了促成协作创新的内在动力之一是各主体间存在的比较优势。各参与主体之间的比较优势越明显，合作的可能性就越大。这主要是因为资源与优势的互补作用有助于降低企业交易成本。因此，协同创新的主体间协作的动力在于参与创新系统的不同角色，通过发挥自身相对优势来促进协同效应，达到协同创新的目的，最终实现多方共赢。

(2) 基于资源区域整合的视角。Oprieovie和Tzeng(2010)认为，由于不同创新主体在能力和资源方面存在差异，各协同主体间的互补性会促进协同活动的实现，因此可以将产学研协同创新视为一种互补型的战略联盟。Linh和Hong(2009)研究发现，获得互补性的资源和能力是各创新主体参与产学研联盟的重要动机。Schwartz等(2012)研究发现，在全球战略联盟中，与互补性资源相关的差异性有利于促进产学研联盟的形成和发展。潘锡杨和李建清(2014)提出，我国各地区间经济与科技发展水平的差距决定了我国需要集聚和整合各地区的创新资源，此时需要政产学研协同创新对特定区域或不同区域的不同主体进行有效的资源整合。张健(2015)认为，区域发展的不平衡性以及产学研各主体间的优势互补性有着促进协同创新的作用。产学研的协同创新与区域间的互动需要市场机制、政府管控、资金投入、科研等多方因素协同。朱志红等(2016)通过对产学研协同创新的影响要素分析，建立了包含创新主体和创新环境两大要素的资源型城市产学研协同创新理论模型，其中创新主体要素不仅包含企业、高校和科研院所，还有政府体系、金融、中介等机构，而创新环境要素包含法制与政策环境、高新技术产业和支柱产业的发展水平、协同创新平台等。段云龙等(2021)从区域视角出发，开发了产学研协同创新的"区域共生系统"。

(3) 基于战略行为理论的视角。Santos和Eisenhardt(2009)基于系统论的观点提出，创新系统及环境是协同创新动因的重要来源，高校和科研机构为主体的理论创新系统与企业为主体的实践创新主体组成理论联系实际的协同创新系统，在应对市场变化及内外部环境中不断形成。Bacila和Gica(2004)的研究表明，为了适应环境，企业、学校和研究机构均需要进行自主创新能力的提升，此时就需要产学研协同创新，需要进入更大的协作系统。夏红云(2014)认为，产学研协同创新是内外因共同推动的结果。内部动因由利益驱使，是基础性、根本性动因；外部动因以市场需求牵引，是方向性、驱动性动因。离开内部作用协同无法形成，离开外部作用协同也无法推进，二者协调相互作用，共同促进协同创新。韦梦(2019)认为，创新环境的营造对产学研协同创新发展至关重要，好的环境能够为协同创新提供额外的动力，有助于创新主体解决在协同中的政策及制度机制等各方面的问题。

(4) 基于降低成本的视角。张小筠等(2019)通过对牛津模式的分析，认为产学研结合既能达到协同的效果，又能增强研发力度，能够集中力量提高资源利用率、创新成果转化率、提高创新效率、降低研发成本，实现各自的最优效益。Bengtsson等(2015)从经济性的角度出发，提出产学研协同创新存在的意义在于各创新主体通过合作，能够优化配置各自拥有的优势资源，从而达到降低研发成本、分担研发风险的目的。Yoon和Park(2017)对韩国企业进行调查研究，选取538个样本，发现不论是企业还是高校或是科研机构在协同前都会充分评估成本和风险，这两大因素对其决定是否参与合作有着重要影响。

2.2.2 产学研协同创新的模式研究

产学研协同创新模式能够给产学研创新绩效带来很大的影响,不同模式能够带来完全不一样的创新成果。对于创新模式的研究成为产学研协同创新领域的一个重要研究课题。

但是,国内外学者对此研究的侧重点不同:国外学者侧重创新绩效、创新效益以及创新风险与效益之间关系的研究,说明国外学者更注重产学研协同创新的经济性;国内学者则侧重产学研协同创新的模式研究。总体上,产学研协同创新模式的相关研究主要集中在对协同创新模式的分类及模式的选择两个方面。John 和 Hagedoorn 等(2000)提出了多种合作研究模式,包括技术转移、合作办学、咨询合作等非正式层面的合作。王章豹和祝义才(2000)从目标导向出发,将产学研协同模式划分为人才培养型、研究开发型、生产经营型和主体综合型四种模式。吴晓云和李辉(2013)将产学研协同创新划分为政府推动型、创新主体企业主导型、协同方式的联建型和合作方式的共建型,并对各种模式进行了分析。陈立泰和林川(2009)根据产学研协同创新中的参与主体进行划分,分成了五种类型:企业、大学、科研机构主导三个类型,以及政府推动型、联合开发型。姚潇颖等(2017)从内容出发将产学研协同创新分为咨询服务、人才培养、非正式交流、设备共享、技术交易等类型。

在产学研模式选择上,国外学者重点研究不同模式对企业、高校和科研院所资源的整合情况以及最终产生的绩效,重视博弈论和实证检验等具体方法的使用,而国内学者的研究则侧重影响协同创新模式选择的因素,重视制度作用。胡守忠等(2009)认为资源势差、技术需求、重视程度是影响产学研协同创新模式选择的三个重要因素。谢园园等(2011)调研了江苏多家企业,发现协同创新中企业间对科研高新科技的吸收能力、创新环境的适应能力、协同创新的合作深度及广度,都会影响企业在产学研协同创新时进行的决策。任培民等(2008)指出,产学研协同创新会受项目风险、参与者特征的影响。李梅芳等(2012)认为,决定产学研协同主体做出模式选择的关键因素是行业的需求特征及技术的发展水平,并对寡头市场品牌 AJ 和 KMZ 的模型进行了研究,总结了自主研发、专利合作、合作研发及基于专利池的合作研发等四种产学研协同创新模式的区别。何郁冰(2012)基于以往的大量研究,提出产学研协同创新分析的新框架——战略协同层面、知识协同层面、组织协同层面,借此阐明企业、大学和科研机构是如何利用知识和资源在组织间的快速互动、共享与集成,加快提高国家和区域创新系统的效率的。协同过程的核心层是"战略—知识—组织"的要素协同,支持层是政府的政策引导、项目推动和制度激励,辅助层是中介机构、金融机构及其他组织(如风险投资)的参与。协同创新的过程和模式选择受到合作各方的利益分配机制、合作历史、组织间关系,以及企业吸收能力、创新复杂度和产业环境动荡性的影响,提高协同创新绩效的关键还在于要综合考虑"互补性—差异性"和"成本—效率"的动态均衡。① 潘宏亮(2013)通过对 268 家企业的中高层管理者的调查研究,发现不同的模式对创新的绩效均会产生影响,也会有正向调节。张健等(2016)基于层次分析法和模糊综合评价法分析了影响知识转移、吸收的诸多因素对企业合作研发模式选择的影响。陈柳(2015)对产学研融合紧密程度的影响进行了分析,基于调研数据研究了各类声誉和信任因素,包括但不限于高校及科研机构的科研力量、企业研发投入、政府政策的支持等。杨子刚(2018)认为,政府的介入会增加企业和学研机构的合作深度,研究了政府因素对产学研协同模式选择的影响,通过比较分析了纯市场和政府介入条件下企业在两种不同的产学研协同模式下的决策特征。

总之,学者们由于研究的角度和考察的侧重点不同,在选择产学研合作创新模式的方法上存在较大差异。然而,这些研究对政府主导下产学研合作创新动因和模式的分析较少,而且没有从定量的角度剖析政府在产学研协同创新中的作用。尤其是,对于如何选择产学研合作创新的合作模式,实现企业、科研机构和政府资源的有效整合,缺乏深入的理论和实证研究。因此,运用博弈论等定量方法研究政府参与的产学研协同创新模式,将是对传统研究

---

① 何郁冰.产学研协同创新的理论模式[J].科学学研究,2012,30(2):165-174.

方法与内容的突破和创新。

2.2.3 产学研协同创新的影响因素研究

国内外各领域学者基于最优控制理论、社会交换理论、社会网络理论等多种理论探究了影响产学研协同创新发展的各种因素,并从企业内部、环境条件及政府等多视角研究了影响产学研协同创新效率的诸多因素。

从企业角度出发,Inkpen(2004)认为,企业的外资比例、研发(R&D)投入与能力、拨款制度、成本分担等都是影响企业进行产学研协同创新的因素。Bekkers(2008)指出,影响企业参与产学研协同创新的因素有所处地理环境、所在行业情况、创新具体形式等。肖丁丁(2011)认为,创新主体参与协同创新的意愿与协同创新带给参与主体的成果,在一定程度上受到参与主体规模的影响。Okasha等(2012)对企业与非高校的组织间的协同创新进行了分析,通过多概率单位模型,探究驱动产学研协同创新的影响因素,并对技术低下的产业中驱动创新的决定因素进行了评估。张秀峰(2015)认为,在不同性质的企业中,产学研协同创新产生的结果也会有差异,私营与国营,不同所有权的企业中创新效果差异明显。苏屹等(2017)证实,协同创新中对科研的投入多少是技术能否创新的关键,低成本战略可以调节对科研投入与技术创新的影响。Saunila等(2018)证明了竞争强度会对协同创新的驱动力带来影响,也是创新能够成功的影响因素之一。张海燕等(2017)运用调研样板数据,通过偏最小二乘回归(PLS)的结构方程模型进行分析,对驱动企业协同创新的内外因素进行整合,研究了驱动企业协同创新的作用机制。盛永祥等(2020)分析了企业与学研方的创新意愿与技术成熟度和技术创新度之间的关系,发现创新意愿随两种技术因素的变化而呈现不同变化的特点。[①]

从外部环境出发,周晶森等(2016)认为,环境规制强度上升,绿色技术创新能得到更多的投资。何郁冰和梁斐(2017)指出,企业参与产学研协同创新

---

① 盛永祥,胡俊,吴洁,等.技术因素影响产学研合作创新意愿的演化博弈研究[J].管理工程学报,2020,34(2):172-179.

的直接驱动力来自企业内部驱动力，是企业对利益最大化及发展长期化的追求，是企业取得竞争优势的需要。同时，外部驱动对企业的协作创新也有重要影响。Serrano等(2007)研究发现，过程创新往往出现在产学研协同研发活动中，与高校临近对产品创新有正面影响，而隐性知识对产品创新有负面影响。Zucker等(2002)认为，隐性知识难以编码化，通过联合研发、非正式接触和人员流动进行转移比较有效，尤其是突破性创新成果，一般由大学衍生企业向产业转移。① Wirsich等(2016)指出，协同创新具有社交属性，社会关系的多少、互相交流的频次都对协同创新的效率有很大影响。Devarakonda和Reuer(2018)通过对澳洲和东南亚的产业分布及四个产业集聚地进行研究，提出产业聚集是促进产学研协同创新的强大动力。Motohashi和Yun X(2007)认为，越是高新技术产业越需要研发的集中，资源的整合、产业的聚集能够吸引投资者进行产学研协同创新。Schwartz(2012)认为，产学研协同创新主体的经验值能够影响创新效率，经验老到的创新主体往往能受到更多主体的青睐；同时，协同创新具有"就近原则"，产学研之间的地理距离对合作绩效有很大的影响。

从政府角度出发，丘缅和王浩(2015)研究表明，政府资助对产学研协同创新有时会起到负向影响，政府资助下企业可能会降低对产学研的研发投入，造成创新效率降低。马文聪等(2018)基于社会交换理论，证明了企业家的政治关联程度对产学研协同创新有很大影响，并以我国深圳证券交易所的创业板公司为样本进行论证。Aghion和Festre(2017)提出，竞争、社会交互、互联网是三个驱动创新活动的重要因素，并基于社会网络理论，以美国国家航空航天局(NASA)国际空间应用部门进行了实例论证。李林等(2020)通过研究政府介入对产学研协同创新项目成功的影响，提出政府的支持对产学研协同创新会产生显著的正向促进，但这种正向促进会随着支持力度达到一定程度出现递减趋势。李林等进一步探究政府鼓励政策对产学研协同创新的影响效应后认为，政府对产学研协同创新的支持工作要把控好度，根据实际

---

① Zucker, Darby and Armstrong. Commercializing knowledge: university science, knowledge capture, and firm performance in biotechnology[J]. Management Science, 2002, 48(1): 138-153.

情况以"无形的手"进行调控,最大化地发挥促进产学研协同创新的作用。①

2.3 理论基础

2.3.1 协同理论

1965年,安索夫(Ansoff)最早提出了协同概念,强调其本质是一种相互依赖、相互共生的关系,具体是指不同企业为了实现资源的共享、效应的共赢而构建的相互关系。随后,哈肯(Haken)研究了在系统开放非平衡状态下,在时间与空间功能上,外界与系统内部会有互动并有某种规律存在,进而发现并提出了协同理论。该理论指出,协同效应是指通过合作,对资源进行整合,使总效用大于各子系统自身的效用之和。随着科技创新的不断发展,适用于复杂多变环境的协同理论得到了广泛的应用与推广。作为管理科学中协同思想与技术创新思想深度融合的产物——产学研协同创新就是该理论广泛推广的经典案例。

产学研协同创新效应是指作为创新系统中的重要创新主体,企业和学研机构为了实现共同的互利共赢目标,对异质性创新资源的充分利用,形成创新要素的高效集成,促进创新的总效用大于单个参与者参与创新效用之和。也就是说,通过对不同创新主体的技术、知识、资源等要素的整合,实现科研成果的高效转化、生产效率的大幅提高,最终使产出效果大于创新主体分开加总之和的效果。通过这种协同效应可以促进技术与知识等资源的共享,提高整个创新系统的创新水平,最终实现产业的技术升级。企业作为产学研创

---

① 李林,王艺,黄冕,等.政府介入与产学研协同创新运行机制选择关系研究[J].科技进步与对策,2020,37(10):11-20.

新的主体,受到协同效应的影响,尤其是在空间外溢效应的作用下,增强其开展跨区域协同创新的动力。处于非均衡的开放系统时,由于区域间不均衡的要素禀赋,企业等创新主体为了提高要素流动、技术共享及知识溢出等效应开展跨区域协同活动,以避免重复创新浪费创新资源,同时应对创新发展过程中的各种不确定性,获取更高的"协同效益"。

2.3.2 创新理论

创新理论源于熊彼特的研究。熊彼特在《经济发展理论》(1912)一书中首先提出了创新理论(innovation theory)并以创新理论解释资本主义的本质特征。按照熊彼特的定义,"创新"就是"建立一种新的生产函数",也就是把一种从来没有过的关于生产要素和生产条件的"新组合"引入生产体系。实现生产要素和生产条件的新组合,包括以下五种情况:①①引入一种新的产品——也就是消费者还不熟悉的产品——或一种产品的一种新的特性。②采用一种新的生产方法,也就是在有关的制造部门中尚未通过经验鉴定的方法,这种新的方法并不需要建立在新的科学发现的基础之上;并且,也可以存在于商业上处理一种产品的新的方式之中。③开辟一个新的市场,也就是有关国家的某一制造部门以前不曾进入的市场,不管这个市场以前是否存在过。④掠取或控制原材料或半制成品的一种新的供应来源,也不问这种来源是已经存在的还是第一次创造出来的。⑤实行任何一种工业的新的组织,比如造成一种垄断地位(如通过"托拉斯化"),或打破一种垄断地位。熊彼特指出,创新表示"带动创造性毁灭的四季不断的暴风",在这个过程中,备受追捧的行业结构——特别是垄断——含有自我毁灭的萌芽,它激励公司使用新的竞争方式进攻已建立的垄断地位。他认为,"创新"是一个"内在的因素","经济发展"也不是外部强加的,而是"来自内部自身创造性的关于经济生活的一种变动"。企业家之所以进行"创新"活动,是因为他看到"创新"带来了盈利

---

① (美)约瑟夫·熊彼特.经济发展理论[M].何畏,等,译.北京:商务印书馆,1991:73-74.

的机会。

随着科学技术的飞速发展,创新理念随之不断变化,内涵也不断更新。根据熊彼特的创新理论,在一个封闭的创新系统中,每一个创新主体所拥有的资源都是有限的,独立的个体无法满足当今复杂的科技创新发展的需求。为了适应科技发展,企业、高校和科研院所需要在将自身的优势发挥到最大的同时兼顾整合不同的创新学科。此外,也要充分发挥政府的政策支持和科技中介作用。根据创新理论,产学研协同创新是新时代促进科技创新发展的有效途径。该创新模式一方面通过促进知识、技术等创新要素的共享和流动来实现创新整合效应;另一方面通过发挥不同创新主体的优势有效地提高创新绩效,实现创新的目标。

2.3.3 开放式创新理论

开放式创新的定义由切斯布鲁夫(Chesbrough)于2003年提出。基于企业层面,通过跨越组织边界的形式可以获取创新资源、要素、技术与知识,这样就突破了企业的组织边界,打破了原有的封闭式创新理论。该理论强调企业要想获得创新资源,既可以从企业内部获取,也可以从外部主体获取。陈钰芬(2009)和高良谋(2014)的研究强调不同创新组织之间的流动性是开放创新的新特征,是一种利用内部和外部资源实现技术知识增值的创新模式。开放式创新是一种认知模式,其目的是实现技术知识开发、利用、转化和增值。

基于开放式创新理论,产学研协同创新是一种更具实践性的开放式创新,更加突出政府在促进协同创新一体化过程中发挥的作用,通过突破单一企业的合作,转向企业、高校和政府等的多方合作协同。企业要突破原有的创新模式,实现更大的创新绩效,需要通过多元化的外部渠道更深层次地挖掘创新、想法、技术、知识及资金等创新要素资源,进而从高校、科研机构、技术平台、客户、科技中介、供应商,乃至竞争对手处获取创新资源。当前,随着科技及网络技术的发展,世界的联系更加紧密,不同创新主体间的交流与合作更加便捷且频繁,知识、技术的交流合作阻碍减少,区域间协作增多,产学研协同创新能促进参与主体更好地整合内外部资源,在跨组织和跨区域的开放式创新中,推动整个国家创新系统的升级转型。

2.3.4 跨区域创新合作理论

根据资源基础观,获得更多的异质性要素和资源是跨区域创新合作的基本要求,这也促进了企业与学研机构之间的合作。在开展协同合作时,为了寻求更好的合作伙伴结成协作网络,企业除了选择区域内协同合作外,也可以考虑区域外的合作模式。

在实践中,自发性和随机性是跨区域合作创新的特征,而技术知识空间溢出特征也促进了跨区域合作。在经济发展初期,自发性的区域合作在空间外溢效应的作用下,对整个创新系统的创新活动产生可持续的拉动效应。企业要增强这种跨区域合作的创新活力,就需要进一步建立技术创新联盟和共建实体等,由此,为产学研协同创新提供了重要的理论。此外,跨区域合作中政府的作用也非常重要。例如,我国改革开放初期跨区域合作主要受经济水平的制约,随着经济水平的提高,中央和地方政府加大了对合作创新的资金和政策支持,如 2007 年出台的《国家技术转移促进行动实施方案》指出,要重点支持并发展长三角、环渤海、珠三角、东北部等区域的技术服务、技术转移和联盟,推动跨区域合作创新的发展。截至 2023 年,我国已成功举办 14 届产学研合作创新大会。

2.3.5 社会网络理论

早期,技术创新被认为是一个从研发投入到产出的单向线性活动。随着内涵的不断演变,创新被认为是一种多因素、多反馈机制的链式模型,是一种双向关系。技术创新系统是一个为适应科学技术发展的需要,由多个创新主体组成的复杂网络模式。根据社会网格理论,网络是指包含多组相互关联个体的集合,其中不同个体代表"点",相互关联的关系代表"边"。多个"点"与"边"共同组成社会网络。社会网络的基本特征是复杂、动态演进和多维度。

要深入探究社会网络中超越线性的联结行为,需要构建一个涵盖加权网络拓扑特征、中心结构、小世界性和网络社会背景关系等多重因素的网络分析框架。20世纪80年代后期,社会网络分析开始被引入经济学和管理学的研究领域,并产生了结构洞、强关系、弱关系及社会资本等相关理论。

社会网络理论的不断发展与应用,为产学研协同创新的发展提供了新的思路。基于社会网络理论,可以将产学研协同创新视为一种新的创新系统网络结构。产学研协同创新网络关系更加紧密,能够有效整合各主体间知识、信息、资金和技术的创新要素优势。在创新网络中,一个创新主体可能同时拥有多种身份,既可能扮演处于相对外围的参与者,又有可能充当位于中心位置、核心地位的主导者。创新主体根据不同阶段的分工来参与协同创新活动。

2.3.6 三螺旋理论

三螺旋(Triple Helix)理论是20世纪90年代国际创新研究中出现的新课题,是由纽约州立大学的亨利·埃兹科维茨(Henry Etzkowitz)教授和阿姆斯特丹科技发展学院的劳德斯特夫(Leydesdorff)教授于1995年提出的。该理论利用生物学中有关三螺旋的原理解释政府、大学和企业之间相互依存的互动关系,指出在以知识为基础的社会中,大学-产业-政府三者之间的相互作用是改善创新条件的关键。大学、产业、政府在相互结合和作用中,各自保持价值和作用,同时又在一定程度上承担着其他机构的部分功能,从而形成知识领域、行政领域和制造领域的三力合一。该理论还强调大学、政府和企业的交互是创新系统的核心环节,三方经过有效的沟通与交流,形成相互合作、资源共享、创新知识扩散与整合,螺旋共生合作共同推动创新螺旋的上升,促进创新价值的最终实现。三螺旋理论不强调任何一方创新主体,而重点强调合作关系,即以平等的地位关注各方的合作关系。合作创新的系统通过创新主体的合作而彼此重叠、相互沟通且具有弹性,横向流动使创新资源同时又纵向整合于不同创新主体之间,达到创新资源优化配置的目的,实现创新的目标。因此,三螺旋理论为产学研协同创新提供了一种有效的理论分析方法。

三螺旋理论历经三种模式的发展演变：第一种模式是强调政府主导作用的"国家干预主义模式"，它只适用于特殊的国家发展阶段，且会严重阻碍创新能力的发展；第二种模式是自主、分散创新的"自由放任模式"，当政府、产业和高校缺乏有效的沟通和互动时，很容易导致资源利用不足和创新效率低下；第三种模式是三大创新主体紧密联系、相互配合。这就是所谓的"重叠互动模式"，或是常识意义上的三螺旋模式，政府、产业和大学形成了一个相互重叠、相互沟通，能够有效交流和共享创新知识的合作创新系统。随着科学技术的快速发展，技术创新越来越复杂，单一的创新模式难以满足未来发展的需求。这就要求政府、企业和学研机构及中间机构通过紧密合作，加强相互影响，共同参与创新活动，形成螺旋效应，提高创新绩效。

在中国，科研机构在科技创新体系中的地位举足轻重。在投入方面，科研机构的内部科研经费总支出与大学基本持平，但人均科研经费是大学的2倍。同时，政府科研资金的60%以上流向科研机构，而流向大学的资金仅占20%。由此可见，科研机构是中国科技创新体系中的重要力量，应当将其包含到三螺旋模型中来。在中国三螺旋协同创新体系中，政府、企业、大学、科研机构四方主体互相补充、协调发展，实现创新资源的优化配置与高效利用，从而产生使创新螺旋体持续上升的动力，推动科技进步和经济社会持续、协调发展。中国政府、企业、大学、科研机构在创新过程中，既有独立的分工，角色又有相互渗透与融合。政府是创新活动的组织者和参与者，一方面通过法律法规、经费资助、政策引导等方式对大学和科研机构进行激励；另一方面，对超出公共管理部分的职能，可以通过直接投资、主持建设孵化器和科技园区等方式向企业角色转变，还应该更加注重通过科技与资本的投入来支持企业发展。企业作为技术创新主体，对新技术、创新型人才具有强烈的需求，通过技术、人才引进或与大学、科研机构的合作研发来提高其创新能力，同时也能通过开展高水平的科学研究和创新人才培训来扮演大学和科研机构的角色。大学和科研机构在知识创新和人才汇聚方面具有天然的优势。大学主要承担基础研究、应用研究和学科性自由探索研究，同时作为人才输出的主要阵地承担培养各类创新型人才的职能。在一定条件下，大学可以扮演企业的角色,在科技孵化过程中将新知识、新技术转化为满足市场需求的新产品,从而形成衍生企业。同时,大学科研人员通过兼职帮助企业在创新过程中开发新产品、开拓市场。科研机构主要从事指令性研究、对国家安全和发展具有重大意义的(如"两弹一星"、载人航天、探月工程等)或投资巨大的(如曙光超级计算机、龙芯系列通用芯片等)研究,同时通过创新型人才培养来扮演大学的角色。作为中国最大的研究生培养机构,中国科学院自2014年开始培养本科生,形成了覆盖本科、硕士、博士三个阶段的完整高等教育体系。同时,科研机构也可以通过技术孵化、创办衍生企业等方式向企业角色转变,从中国科学院走出的联想集团就是这一模式的成功典范。中国科学院不仅是孕育联想的摇篮,更是支持联想发展壮大的重要动力。联想集团在发展中,始终保持与中国科学院紧密的合作关系,依托其强大的科技资源与人才高地,走出了一条具有中国特色的科研院所高科技产业化道路。[①]

2.4 本章小结

本章从产学研协同创新的相关概念界定开始,综述了产学研协同创新内涵演变的相关研究,基于多种视角梳理了产学研协同创新的动因、合作创新模式选择以及影响因素,为产学研协同创新研究奠定了重要基础。现有文献中对政府主导下产学研合作创新动因和模式的分析较少,而且没有从定量的角度分析政府在产学研协同创新中的作用。本章通过对产学研协同创新相关理论的梳理,探究产学研协同创新实现的理论基础。

---

① 庄涛,王桂东.官产学研协同创新四维关系研究——基于三螺旋视角[J].技术经济与管理研究,2017(8):27-32.

第 3 章
新时代中国产学研协同创新的历程与时代要求

本章在文献综述的基础上,探究我国产学研协同创新的发展阶段和时代要求,从时间的纵向维度分析考察新时代产学研协同创新发展的必要性,基于对国家创新系统变迁的历史考察,指出协同创新是国家提升创新综合实力的重要路径;同时,基于产学研模式变迁的历史考察,研究新时代产学研协同模式的未来方向。

3.1 新时代中国产学研协同创新的历史进程

协同创新在推动经济建设中发挥了重要作用,但长期以来,我国协同创新成果转化率不高,存在"双层皮"现象,特别是在计划经济时期科技创新的重要作用没有得到充分发挥。改革开放以来,随着科学技术和经济的快速发展,对创新的需求不断提升,产学研三大主体之间的关系也发生了变化,从单纯的融合发展转化到深度融合,合作关系更加密切。中国的产学研发展经历了计划经济时代的"被动"阶段、以 1984 年和 1985 年中共中央连续两年先后通过的《关于经济体制改革的决定》和《关于科学技术体制改革的决定》两个决定为标志的"产学研联合"、以 2006 年全国科学技术大会为标志的"产学研融合"和以党的十八大报告为节点的"产学研协同"四个发展阶段。

3.1.1 计划经济时期产学研的"被动"阶段

新中国成立初期,企业、高校、科研院所都是根据自己的发展定位独立完成自身的创新任务,三者之间没有进行直接交流。具体来看,企业作为技术与创新的需求方,在经济发展中承担着生产任务。高校和科研院所作为技术与创新的提供方,在经济发展中承担着科研任务。需求方和提供方二者之间处于割裂的状态,企业有技术需求时,要上报政府,再由政府传达给相应的科研单位。这一时期,高校和科研机构主要通过多部门联合攻关,进行技术研发活动,"追赶"策略是科研机构的主要目标,以集中优势力量"重点发展,迎头赶上"为指导方针。我国 1956 年出台的第一个长期科学技术发展规划即《十二年科技规划》提出,要迅速壮大我国科技力量,解决生产建设中的科技问题,力争追赶世界先进水平。

在新中国成立初期,社会资源短缺,"集中资源办大事"的计划经济体制发挥了优势,促进中国的工业体系实现了从无到有的飞跃,更有"两弹一星"等重大科技创新成果。当然,这种模式的不足也显而易见:虽然企业和高校、科研院所的合作得到了实现,但是政府作为纽带需要服从国家的整体规划,产学研协同创新的主体缺乏自主性,没有主动合作的意愿,不能形成持续的技术进步与革新。随着国家经济的不断发展,被动的创新不能适应时代的发展需要。具体表现在:一是上传下达的创新模式导致不同创新主体的合作效率低下。因为进行创新活动时需要企业向政府申报,而为了保证创新活动的顺利进行政府需要再向相关部门传达,这就导致了费时间、费人力、低效率的局面。二是由于中间传达中介的专业性低导致创新活动协作的难度高。政府作为接收和传达需求的中间平台,由于专业知识有限,无法精确地描述企业对技术创新的需求,导致最后研发出来的技术并不能很好地适应企业的发展,即容易产生懂生产的人员不懂技术,而懂技术的人员不懂生产的两难困境。正是因为科技与经济之间不顺畅的传导机制,计划经济时期的人才教育、科技创新、产业发展不相匹配。

3.1.2 产学研联合阶段:聚焦技术创新(1984—2005年)

在这一阶段,推动协同创新成果输出转化的方式发生了变化,国家科技规划逐渐系统化。这一阶段明确提出"科学技术是第一生产力",产学研联合体或协同创新的雏形逐渐形成,解决了产学研严重脱节的问题。1984年、1985年中共中央连续两年先后通过了《关于经济体制改革的决定》和《关于科学技术体制改革的决定》,确立了"经济建设必须依靠科学技术,科学技术工作必须面向经济建设"的战略方针,强调了经济建设与科技创新的重要关系。改革开放前,科技工作主要集中在军事和国防领域,但上述两个《决定》颁布后,中国科技工作有了巨大的转型,进入了有步骤、有组织、有领导地推进科技体制全面改革的阶段。此外,这一阶段还提出了"促进技术成果商品化,扩大技术市场,以适应社会主义商品经济的发展""技术市场是我国社会主义商品市场的重要组成部分"。

1992年,国家经贸委(现更名为国家发展和改革委员会)、教育部和中国科学院联合推出"产学研联合开发工程",拉开了我国产学研合作的序幕。1993年,《中华人民共和国科学技术进步法》颁布,强调企业、高校和研究机构之间的合作关系,进一步完善了产学研体系。1994年,《国家教委、国家科委、国家体改委关于高等学校发展科技产业的若干意见》中着重鼓励高等学校孵化科技企业,支持高校建立科创企业,充分发挥其创新资源优势。1995年中共中央、国务院作出《关于加速科学技术进步的决定》,提出科教兴国战略,同时要求积极推动企业、高等院校及科研单位关于先进技术的合作开发。在多种政策的鼓励下,产学研开始注意到合作的重要性。但是,在产学研主体的内涵界定上,更多的只是支持和鼓励企业、高校和科研院所之间加强技术成果的生产和转化的合作(李世超等,2011)。1999年,在全国科技创新大会上发布了《中共中央、国务院关于加强技术创新,发展高新技术,实现产业化的决定》,提出了"推动企业成为技术创新主体,全面提高技术创新能力""加强企业、高等院校和科研机构的联合合作""大中型企业应建立和完善企业技术中心"等,要求"支持各种形式的民营科技企业的发展",而不是只关注国有企业的发展。1999年,科技部与教育部共同批准并正式下发的《关于开展高校科技园建设试点工作的通知》,批准了15个国家高校科技园建设的试点项目。2001年,国家经贸委和教育部为了促进技术转化效率,在六所大学启动建设第一批国家技术转移中心。

1. 目标任务

科技创新是保持市场经济活力的重要依托。为了提高创新绩效,促进科技与产业的融合,发挥市场在资源配置中的作用,政府开始重视产学研合作创新,出台了一系列科技政策。1985年,《中共中央关于科技体制改革的决定》首次提出了产学研合作的倡议,强调产学研发展面临"大多数研究机构与企业分离,研究、设计、教育和生产脱节……形势",为了适应时代发展应"大力加强企业的技术吸收和开发能力以及作为生产能力中间环节的技术成果转移,促进研究机构、设计机构、高等院校和企业之间的合作与联盟"。1995年5月6日,中共中央、国务院《关于加快科技进步的决定》提出了科教兴国战略,明确科技工作的首要任务是解决经济社会发展中的重大问题,"解决科技机构重复建校、力量分散、科学技术水平不高的局面,科技与经济的分离应该从真正的制度层面来解决",有效推进产学研主体合作,构建高校、企业、政府、中介机构的创新网络。1997年,中国共产党第十五次全国代表大会报告进一步指出,"深化科技和教育体制改革,促进科技、教育同经济的结合""有条件的科研机构和大专院校要以不同形式进入企业或同企业合作,走产学研结合的道路"。[①] 1998年,"十五"规划提出"加强产学研合作,形成以企业为主体,科研机构、高校、中介服务机构、政府机构联动的创新网络和运行机制"。

---

① https://www.gov.cn/test/2008-07/11/content_1042080_3.htm

2005年《国家中长期科学和技术发展规划纲要(2006—2020年)》中提出,要建立以企业为主体、市场为导向、产学研结合的技术创新体系,从深化改革、完善政策等方面激励和支持企业提升自主创新能力。据统计,1985—2005年,中央政府共出台了132项与产学研发展相关的政策。

2. 典型模式

这一时期产学研合作主要有三种模式,分别是合作开发、技术转让和联合攻关。这三种模式的形成都离不开政府的支持与引导。1994年的税制改革建立了中央与地方财政分配关系的制度框架。随后,相继实施的"技术创新工程""国家技术创新工程项目计划"等多项专项计划,伴随着中央和地方财政投入得到快速增长,为鼓励产学研合作创新的实施提供了政策支持和资金基础。尤其是在政府的创新补贴、法律支持及项目资助等政策工具的激励下,企业的合作主动性日益显著。此外,学研机构在政府的大力支持下,也开始加入产学研合作,通过学研机构与企业的产学研协作进行创新。1994年共有240多家科研院所为了实现产学研合作的创新绩效而转制为企业。2000年,产学研合作开始进入创新网络的阶段。这一阶段,产学研结合模式得到多元化的发展,在政府的大力支持下,越来越多的创新主体参与创新系统,其中较为典型的模式主要有共建研发中心和建设大学科技园。

3. 阶段特点

为了适应国家战略和企业发展的需求,这一阶段的产学研主要以项目合作模式为主。2000年以后,参与产学研合作的主体开始由仅包含企业、高校和科研机构三方向包含政府、中介机构在内的多主体共同参与的方向转变。合作模式开始由项目合作转向各主体长期合作。在这一阶段,为了更好地融入市场,学研机构不仅加强了与企业的项目合作,而且为了长期合作共建了实体组织,包括研发中心、股份制公司、中试基地等。在政府的积极参与下,参与产学研合作的创新主体通过深入触及对方运行机制,解决双方利益冲突,实现长期的共赢发展。

4. 不足之处

这一阶段的产学研合作是暂时的,是各创新主体为了解决技术问题临时组建的团队或企业。例如,在企业支付科研经费的条件下,高校和科研单位组建项目团队进行科研活动,与企业的研发部门融为一体,依靠企业的资金及信息,取得了更好的研究成果并与企业共享。但这一阶段的合作模式相对单一,存在产学研各主体的责任与权利划分不清晰等问题,导致产学研合作无法实现帕累托最优状态。

3.1.3 产学研融合阶段:聚焦自主创新(2006—2011年)

21世纪以来,粗放的技术模式无法满足时代的发展要求,也就是说,以前采用的技术引进、国内加工学习后的消化吸收模式无法满足市场的发展需要,需要更先进的自主创新。2006年,全国科学技术大会通过对时代要求的预判,提出了"自主创新、跨越重点领域、支撑发展、引领未来"的科技工作方针,指出科技创新为了保障经济发展活力需要向更高层次发展。同年,《国家中长期科学和技术发展规划纲要(2006—2022)》颁布,全面部署了未来15年中国的科技改革工作与发展方向,标志着我国产学研开始由传统创新转向自主创新为主的阶段。2010年,党的十七大报告中重点强调了科技进步和自主创新的重要地位,指出不断提高自主创新和科技对经济增长的促进作用,已成为实现全面建成小康社会目标、促进中国进入创新型国家行列的重要抓手。2011年4月24日,胡锦涛总书记在庆祝清华大学建校100周年大会上强调,我国高校特别是研究型大学要在"积极提升原始创新、集成创新和引进消化吸收再创新能力"的同时,同科研机构、企业开展深度合作,"积极推动协同创新"。这是第一次从国家战略高度对协同创新提出了要求。

在这一时期,政府部门在完成基本职能的基础上,引申出政府科技中介服务和平台管理等新角色,来履行保护知识产权和优化不同创新主体间利益分配等职能,首次以法律的形式规范政府的职能范畴,界定产学研创新主体的权责层次，建立完善的评审机制，不仅要保障创新主体的创新权益，还要进行全面自主创新。例如，国家工程中心和国家工程实验室的建设离不开政府部门的支持与推进，其发挥的作用就是为企业自主创新提供基础支撑平台；政府部门为了突破创新困境，通过对人才、资源等多种创新要素的支持，促进产学研主体建立技术联盟和共同研发机构的协同合作；政府部门为了发挥"有形之手"的作用，针对不同的合作项目性质，选择不同的激励政策和管理机制，比如提高项目的科研经费、增加自主创新的支持政策及增加自主创新的重要项目等。这一阶段，政府职能的主要目标是在坚持市场导向和企业创新主体的基础上，通过大力推进产学研合作进程，有效提高创新成果的转化，突破多层次的重点自主创新项目，最终实现创新型国家建设及经济的高质量发展。

1. 目标任务

这一时期，以企业为主体、加强产学研结合的中国特色国家创新体系，是前一阶段"创新网络和运行机制"发展的结果。这一阶段，结合中国发展环境及国际环境的变化，国家创新体系细化为技术创新、知识创新、区域创新、国防科技创新、科技中介服务等五大体系，并结合各体系的发展特点对其所需要推进的重点工作进行了详细规划。2006年，全国科技大会明确提出了以"提高自主创新能力，建设创新型国家"为目标的创新发展战略。同年，《国家中长期科学和技术发展规划纲要（2006—2022）》提出的"要大幅提高企业的自主创新能力，建立多种产学研相结合的新机制"以及《关于实施科技规划纲要增强自主创新能力的决定》提出的"只有加强产学研结合，才能更有效地配置科技资源，才能激发科研机构的创新活力，才能使企业获得持续创新的能力"，都重申了企业、高校及科研机构相结合的创新的重要性，强调要在保证企业的创新主体地位的同时，以产学研相结合的创新发展创新体系，建设创新型国家。2006年年底，为了深入促进自主创新战略，加强产学研合作，政府成立了促进产学研结合协调领导小组。2007年，为了促进政府与产学研之间的沟通，成立了中国产学研合作促进会。2008年，为了给产学研创新工作提供优质的外部环境,新修订的《中华人民共和国科学技术进步法》正式实施。

2. 典型模式

在这一时期,由于全球科技创新竞争愈发激烈,加上中国技术创新存在"卡脖子"困境,尤其是关键技术和产业共性技术的缺乏,使中国的产业发展处于受制于人的尴尬局面,无法摆脱中国制造业在全球价值链和产业链中处于低端化的局面,阻碍了中国产业的转型升级。在国际竞争压力和国内技术短板的双重作用下,产学研合作上升到国家创新体系战略层面。由此,出现了作为产学研合作典型模式的产业技术联盟。2008年,六部门(科技部、财政部、教育部、国务院国资委、中华全国总工会、国家开发银行)联合发布的《关于推进产业技术创新战略联盟建设的指导意见》进一步奠定了产业技术联盟的地位,为产业技术联盟的长远发展指明了方向。此后,为了从产业层面推进企业自主创新、建设创新型国家的国家战略,产业技术战略联盟纷纷涌现。

3. 阶段特点

这一时期,全球化进程正在加速推进,全球贸易发展进入蜜月期。为了促进经济的快速发展,中国积极融入全球市场。此时市场竞争的表现形式已经不仅是企业间的竞争,而是升级为包含产业链上下游的一体化竞争。竞争已不再是单纯的产品竞争,而是技术创新和知识创新的竞争。然而,由于大多数的知识和技术创新集中于学研机构,我国仍存在产品生产与技术创新割裂的局面。因此,构建技术创新体系、提高产学研合作地位成为我国应对国际竞争带来的压力、建设创新型国家战略的重要突破口。值得注意的是,这一时期的产学研合作不仅重视企业自主创新能力的提升,而且将实用性作为重点关注的创新点。

3.1.4 产学研协同创新阶段:重大科技转型(2012年至今)

我国的创新体系经过以上三个阶段的发展取得了初步成效,但整个创新体系的创新效率仍较弱、原创的高水平创新成果仍较少,协同创新成果的年转化率仍很低。在这一阶段,由于企业在创新系统中的主导地位仍然不强,产业发展的技术瓶颈和需求不匹配,使我国面临较为严重的创新动力意愿低下现象。为了突破这一阶段的创新困境,一方面,要加强企业在创新系统中的主导地位,不断深化科技与经济发展的深入融合;另一方面,要重视科技创新对经济发展的驱动力,提高国家创新体系运行效率,提升国际竞争地位。2012年5月,教育部、财政部联合召开工作会议,正式启动实施《高等学校创新能力提升计划》("2011计划")。作为"2011计划"的核心内容,协同创新旨在通过构建有效的协同创新模式,转变高校创新方式,服务于国家的创新驱动发展战略。2012年,党的十八大报告将"实施创新驱动发展战略"作为加快转变经济发展方式的关键途径,强调"增强自主创新能力,是实施创新发展战略最根本的目的"。其中,"更加注重协同创新"和"着力构建以企业为主体、市场为导向、产学研相结合的技术创新体系"为产学研合作提供了方向。同时,明确指出"破除体制障碍,最大限度地释放和激发科学技术作为第一生产力所蕴藏的巨大潜能,是现在发展的当务之急"。2013年中国共产党第十八届中央委员会第三次全体会议通过了《中共中央关于全面深化改革若干重大问题的决定》,明确提出建立产学研协同创新的机制,将产学研协同创新写进中央文件,进一步明确了产学研合作向协同创新迈进的方向,提出要实现经济的融合与长远发展,就要"建立协同创新机制,强化企业在技术创新中的主体地位"。2016年,《国家科技创新"十三五"规划》提出,"构建高效协同的国家创新体系"。2018年,习近平总书记在党的十九大报告中指出,加快建设一流大学、一流学科,加强校企合作,推动科学研究的纵深式发展,"建立以企业为主体、市场为导向、产学研深度融合的技术创新体系"。2022年,党的二十大报告明确提出,"完善科技创新体系。坚持创新在我国现代化建设全局中的核心地位……健全新型举国体制,强化国家战略科技力量……提升国家创新体系整体效能……形成具有全球竞争力的开放创新生态",并提出要"加强企业主导的产学研深度融合,强化目标导向,提高科技成果转化与产业化水平"。通过梳理这一时期国家层面的创新思想可知,产学研深度融合已经成为当前我国促进产业与科技的深度融合发展,推动经济高质量发展,保障知识创新与技术创新的顺利传导,促进国家创新系统协同高效运行的重要支撑。这是因为产学研深度融合不仅可以为技术创新体系的优化提供原始创新要素,还可以为国家创新驱动发展战略的顺利推进保驾护航。

1. 目标任务

2018年,原科技部部长万钢在十三届全国人大一次会议上就"促进高校、科研院所、企业的深度融合"回答记者提问时指出:"顺应新形势的发展,聚焦重大的战略领域,建立以企业为主体、以产业引领前沿技术和关键共性技术为导向,聚焦产业上下游的企业、高校、科研院所的能力,通过共商、共建、共享的办法来加大中小企业协同的方式,这就是我们新建的国家技术创新中心。……国家技术创新中心比如说在高铁方面、在新能源汽车方面、信息网络方面都有了一些新的部署。这种新的更好的模式旨在于我们未来要向产业引领方向发展的时候,要更多的把高校、科研院所基础研究的成果转化为技术和产品。"[①]这就为未来推进产学研协同创新提供了答案。结合当前的时代背景和产学研深度融合发展的阶段可知,产学研协同创新有三个重点目标:一是以突破"卡脖子"困境为目标,以前沿、关键和产业共性技术为导向,促进有竞争力的大型企业与学研机构的协同创新发展;二是提高中小企业的科技创新能力,促进小企业与大企业、学研机构的深度融合发展;三是完善高校、科研院所、企业等创新主体的合作机制,形成以大中小企业协同创新为导向、多创新主体共同深入参与创新体系的生态圈。

2. 典型模式

这一时期,随着中国经济进入新常态,为了实现长远的创新发展,产学研各创新主体更加注重相互间的深度融合,提高协同创新效率。产学研协同创新中的各创新参与者之间的合作正由简单协作向深层次融合发展迈进,合作

---

① 科技部部长万钢答记者问(全文)_手机新浪网 https://news.sina.cn/gn/2018-03-10/detail-ifxpwyhw6565264.d.html.

规模也从简单的联盟向企业与高校、科研机构等多层次技术联盟的创新体系转化。由此,为了在国家创新体系中实现科研端与产业端的深度融合,产生了一大批长期稳定的战略合作项目,其中较为典型的模式有协同创新中心、技术创新战略联盟、国家科技创新中心与创业空间等。

3. 阶段特点

随着经济体制与科技体制的改革进入深水区,为了顺利推进改革的进程,包括企业、高校、科研院所和科技中介机构等在内的创新参与者需要通过协同创新来形成创新合力。在创新体制层面,要突破当前的体制障碍,突出产学研协同创新的新特点,构建各种创新参与者协同合作的长效机制。在产业层面,要破除制约产业融合的思想和制度障碍,尤其是注重大中小企业的融合创新。在科技创新层面,要减小不同创新主体的利益冲突和价值取向差异,实现企业和学研机构等创新主体的深入融合发展。但值得注意的是,由于企业、高校和科研院所运行规律和体制机制的差异,仅靠三者之间的融合发展难以形成合力。因此,还需要政府、中介机构和金融机构等众多主体深度融入协同创新体系,形成较为稳定均衡的创新生态系统。在这一系统中,各个创新主体和参与者可以极大地发挥各自的职能,通过系统化的方式,突破协同创新的阻碍,激发各个参与者的创新活力,促进整个创新系统产生"1+1>2"的创新协同效应,共享创新成果。

3.2 新时代中国产学研协同发展的时代要求

3.2.1 协同创新是新时代创新发展的必然选择

在国际资本、信息技术等多种因素共同作用下,全球竞争和生产格局正在发生一系列变化,特别是智能制造成为全球关注的重点。在全球价值链的引导下,产业生产不仅将朝着高端智能化方向演进,也将成为推动创新发展的新动力。借助这种新动力,企业需要转向智能制造。在这种趋势下,各国积极调整生产策略,充分发挥本国的创新优势。发达国家普遍从国家战略的高度开展多种形式的协同创新活动,以保持和增强本国的优势地位,尤其是在高新科技领域的领先地位。这就要求我国也必须转变创新模式,进行协同创新,利用创新资源,发挥创新对经济的引领作用,否则在国际竞争中将难以追赶发达国家,以致继续在高新技术领域受制于人。

1. 不稳定的外部环境倒逼协同创新模式的产生

随着中美贸易摩擦的持续升级,我国关键技术受制于人的困境愈发凸显。加上后疫情时代经济疲软的态势,加大了我国创新发展的不确定性。此外,由于不同创新主体的利益冲突,引发信息不对称、知识溢出风险和创新资源分布不均等问题。习近平总书记曾强调:"关键核心技术是要不来、买不来、讨不来的。"[①]这表明,我们只能通过自主创新来突破创新发展内忧外患的两难困境。正是在这种巨大的双重压力下,产学研协同创新得到快速发展。一方面,政府作为产学研协同创新活动的重要参与方,制定和完善产学研协同创新活动相关政策,构建协同创新平台。通过制定政策引导创新,对各创新主体形成有效的管理约束,提高整个创新生态系统的互动性与积极性。另一方面,政府部门通过财政、税收等政策调动创新主体增加创新投入,引导创新主体引入外部投资,为产学研协同创新活动提供资金支持,扩大合作创新规模,缓解产学研协同创新资源限制等问题。

2. 复杂多变的网络化需求催生协同创新模式的升级

随着科技进步和社会发展,生产力提升的同时,创新模式也需要发展升级,协同创新应运而生。协同创新符合生产力发展需求,能够带来技术的进步,高

---

① http://www.xinhuanet.com/politics/2018-05/28/c_1122901308.htm.

效利用资源,是理论结合实际的趋势所在。在当今世界技术竞争日益激烈的环境下,技术创新的发展由线性范式向社会网络化转变。知识的创造与整合都是在非线性的网络下驱动的,创新的理论也在范式的非线性网络化中得到升级,进入新的发展阶段。技术创新也是如此,从理论到实践均体现了网络化的发展趋势。在非线性网络化的趋势下,协同创新是知识的积累、技术创新的理论与实践相结合的必选项。协同创新在吸纳多种社会组织进入创新体系的基础上,以协同合作的方式充分发挥创新成员的优势,集合多方创新优势资源,形成多路径、立体式的要素交互复杂作用渠道,实现创新要素的战略集成,激发生成技术创新的复杂涌现,是创新的新理念和新的组织方式。

3.2.2 协同创新是破解核心技术"卡脖子"困境的关键支撑

当今,全球产业结构进入新一轮调整周期,在技术竞争和金融危机等多种因素叠加作用下,发达国家纷纷实施"再工业化"和"制造业回归"战略计划来巩固其产业优势。但是,发达国家的制造业回归计划是以抢占21世纪先进制造业的制高点为目的,而不是单纯地要实现传统制造业简单回归。此外,以印度、巴西为首的新兴经济体也积极加速融入全球产业分工体系。在这种高端先发效应和相对比较优势双重作用下,我国制造业面临发达国家及其他新兴经济体带来的挑战。加上我国的关键核心技术受制于人,使我国制造业面临的"卡脖子"问题越发凸显。协同创新作为一种全新的创新范式,能够助力产业催生新的创新生态,为突破"卡脖子"技术提供系统性的思考架构。

1. 加大基础研究投入力度,夯实创新链节点

与一般关键核心技术不同,"卡脖子"技术需要集举国体制的优势进行大量基础性投入,才能实现系统的攻关和突破。之所以强调举国体制,是因为我国基础研究较为薄弱,创新失败的风险较大。加上基础研究的经济效应周转时间长且前期的转化率低,单一创新主体很少有动力参与该项创新

活动。正如任正非所说,"对未来的基础研究,或许需要几十年、几百年以后,人们才能看到你做出的贡献"。从研发投入水平看,我国整体上处于世界领先地位,但投入结构不合理,应用研发投入远高于基础研究投入。基础研究投入的匮乏导致创新生态链的断裂,在实验、试投、应用、商业化等基本环节都有可能出现效率低下的问题,从而阻碍创新的高效性,一旦某一基础研究的创新生态链出现问题,就会影响创新的可持续性。因此,为了从根本上突破"卡脖子"困境,在产学研协同创新系统中,政府要积极发挥"有形之手"的作用,加大基础研究投入,不断提升我国创新主体与知识主体的原始创新能力和基础研发能力,提升整个创新体系链条的安全性,提高创新效率和可持续性。

2. 完善产业共性技术支撑体系,降低技术攻关的研究成本、缩短研发周期

产业共性技术作为支撑产业链公共性、基础性和外部性发展的重要元素,是突破高新核心技术匮乏困境的重要抓手。从我国的产业政策和科技政策的制度建设来看,我国缺乏有效的产业政策来支撑产业的长远发展,尤其是以选择性和功能性为导向的战略性产业共性技术支撑体系严重缺失。这种支撑体系的匮乏,导致创新主体供给、技术识别与筛选、创新成果共享与扩散的不顺畅,严重阻碍了产业共性技术的开发,导致部分产业链产能过剩,部分产业链资源匮乏,产生产业链条创新要素不均的两难后果。为解决这一问题,需要进行创新资源链路系统性的技术政策机制,降低被"卡脖子"技术问题难倒的风险,掌控研发成本与研发周期,保持研发创新行为的活力,保障产业链内创新主体顺利进行共性技术的研发与扩散。

3. 明确创新共同体的使命定位,强化产业链与创新链之间的协同整合度

要突破当前的"卡脖子"困境,单靠某一创新主体的力量是远远不够的。尤其是当创新系统中的产业链与创新链协同整合度不高时,无法将协同创新

效率发挥到最优。具体来说,学研机构在进行创新研究时不考虑企业产品开发所需要的关键技术和知识成果,仅以重研究轻应用的态度参与产学研协同创新系统时,将导致科研成果难以转化,使创新研究失去应有的社会价值。从企业的角度看,参与协同创新的企业仅追求科技商业化的转化率,以市场逐利主义为导向过度注重外向型的开放式创新,往往会造成对基础研究或应用与基础相结合研究的资源投入缺乏。为了解决产学研协同创新主体之间的利益冲突,助力产业链内关键技术的创新研究,需要政府积极参与协同创新系统,通过构建不同创新主体的命运共同体平台,积极促使各创新主体在面对包括基础研究、应用开发、中间试验、商品转化以及产品商业化与产业化等各个阶段的"卡脖子"困境时,围绕企业、高校与科研机构的使命定位、资源基础、技术创新能力等方面的差异性来共同构建联合攻关体系,实现产学研协同创新主体之间的耦合效应。

3.2.3 协同创新是推进创新发展战略的重要抓手

为了提高中国创新能力、转变经济发展方式,突破当前的关键技术和产业共性技术的"卡脖子"困境,不断推进实施创新驱动发展战略具有重要意义。企业和学研机构需要在政府、中介机构等参与者搭建的沟通平台上实现资源的优化整合,并最大化地发挥各自的资源优势,提高创新系统的整体活力。因此,在创新驱动发展战略背景下,产学研协同创新是促进创新发展的重要抓手。

1. 坚持以科技创新为核心,体现国家战略意图

虽然创新发展战略涵盖的内容是多元的、全面的,但其核心是通过技术创新促进经济的长远发展。过去,为了保证国家的快速发展并追赶西方国家的发展速度,我们采用一种以要素成本、资源消耗为驱动力的粗放型的经济发展模式。但是,随着世界经济的快速发展,当今的发展模式正在快速地由劳动密集型向信息型、智能型转型。为了在新一轮的产业变革与科技革命中

占据主动权,越来越多的国家实施创新战略,加入技术创新这场无硝烟的战争中。未来,要想在国际竞争中把握主动权,就要在科技创新领域领先一步,可以说未来的竞争主要就是技术创新的竞争。当前,我国科技创新正处于由数量积累到质量飞跃的关键时期,我们要将突破点提升到制度能力的提高上来,产学研协同创新除了必须全面提升自主创新能力的国家战略意图外,还要坚持以科技创新为核心,推进跨领域、多学科关键技术和前沿技术的基础研究,提高专利、人才等战略资源的拥有率。

2. 坚持需求导向和产业化方向,注重科技与经济深度融合

以填补产业结构空白为目标的创新驱动发展战略,在建立国家创新体系上要求以市场为导向,以需求为驱动,不断实现技术、产品、市场与品牌等多种创新的深入融合。具体而言,产学研协同创新要不断向高端价值链转型升级,从而实现创新成果与国家战略、市场及人民三种需求的有机结合。为了实现这一目标,应发挥政府在产学研协同创新平台上的引领作用,瞄准国际前沿技术和关键技术等尖端领域,坚持以市场化和产业化的发展方向为导向,大力促进产学研协同系统开展一系列前瞻性、系统性和应用性的项目研究,从而实现各个创新主体的科技优势资源与促进经济高质量发展的完美结合,助力协同创新成为经济发展的驱动力和核心竞争力。

3. 实现创新主体互动,加速协同创新成果转化

当今世界正处于一个科技创新成果快速转化的时代,随着国家科技竞争的不断激烈,对创新成果转化周期的要求日益苛刻。一个创新成果如果无法在有效的时期内转化为经济的驱动力,就会失去其应有的经济价值。创新驱动发展战略要求科学研究与实现和突破关键技术及前沿技术开发相结合,而不是一味地专注于发论文、写报告、做实验、获专利等成果。因此,为了推进经济社会的长远发展,科研成果的转化速度至关重要,需要在更短的时间内转化为现实生产力。然而,长期以来,我国的科技创新存在转化难的问题,科技创新与经济发展割裂。为解决科技与经济"两张皮"问题,习近平总书记强

调:"协同创新成果只有同国家需要、人民要求、市场需求相结合,完成从科学研究、实验开发、推广应用的三级跳,才能真正实现创新价值、实现创新驱动发展。"①综上可知,创新驱动发展需要制度建设的保障,创新成果的转化直接关系创新驱动力的大小,高效的创新成果转化能够最大限度地激发创新主体研发投入的积极性,促进协同创新的高效发展。

3.3 本章小结

本章对产学研协同创新的发展历程和未来发展方向进行了详尽、全面的分析。一方面,结合不同时期产学研发展特点,将其发展历程分为计划经济时期产学研"被动"阶段、聚焦技术转移的产学研联合阶段、聚焦自主创新的产学研融合阶段、由自主创新向重大科技转型的产学研协同创新阶段四个阶段。另一方面,结合新时代的发展特点,说明产学研协同创新的必要性,并为未来的发展指明了方向。协同创新是新时代顺应创新发展趋势的必然选择,是国家破解核心技术"卡脖子"困境的关键支撑,更是国家推进创新发展战略的重要抓手。本章结合产学研的发展历程和时代要求,进一步论证了产学研协同创新的重要性,体现了本书的现实意义。

---

① http://theory.people.com.cn/n1/2017/0622/c148980-29355177.html.

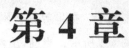

第 4 章
新时代中国产学研协同创新的发展现状

本章主要从时间的横向维度分析考察新时代产学研协同创新发展的必要性。一方面,基于统计数据对高校、企业、科研机构的创新资源现状、技术创新投入与产出现状进行翔实的数据分析,并分析政府参与产学研协同创新支持的现状;另一方面,基于调查研究,为新时代产学研协同创新的运行机制模型选择及影响因素探寻与研究奠定现实的统计基础。

4.1 中国创新活动整体概况

4.1.1 我国与西方的科研基础存在差距

为了获得国际竞争力,企业必须不断提高科研创新能力。充足的资金资源、足够的创新人才资源、完善的信息资源是保持科技创新活动活力的重要因素,尤其是创新投入资金强度是促进产学研协同创新投入的重要基石和重要外部条件。研究表明,国家的经济发展水平随着科研水平的提高而提高,即二者之间存在显著的正相关关系。换句话说,经济发展水平越发达的国家和地区,其科研水平的强度和力度也越大。因此,研发投入成为各国积极开展创新活动的重要抓手。据世界银行网站提供的数据,各国都十分重视研发投入,具体情况如图4-1所示。当前,虽然我国整体的研发创新投入规模很大,居于世界前列,但与发达国家的创新投入力度及强度仍然存在一定差距。

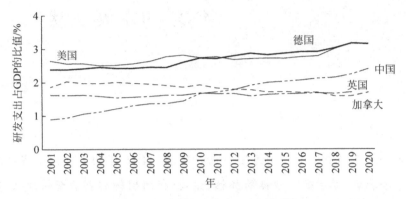

图 4-1　各国研发支出占 GDP 的比值

数据来源:世界银行数据库,https://data.worldbank.org.cn/。

如图 4-1 所示,美国作为超级大国,一直十分重视研发投入强度,占比的波动较小,且研发强度一直居世界领先地位。德国作为工业强国,其研发投入强度也居世界前列,且呈上升趋势。加拿大的研发强度虽呈缓慢下降趋势,但研发强度仍然较高。英国虽然每年都保持着较高的研发投入,但其研发投入占 GDP 的比值变化不大。中国加入世贸组织后,研发投入强度一直保持显著上升的态势,甚至自 2012 年开始超过加拿大和英国的研发投入强度,但与美国、德国等工业强国的研发投入相比仍存在较大的差距。将各国的研发投入强度与全球竞争力排名相结合来看,与研发投入强度相对应的是发达国家的全球竞争力一直占据高位,而中国全球竞争力排名也在不断攀升。

如图 4-2 所示,2000—2021 年中国 R&D 经费支出整体呈逐年增长趋势。2000 年中国 R&D 经费支出为 896 亿元,而 2021 年已经快速增长到 27 956.31 亿元,增长了约 31 倍。分阶段来看,中国 R&D 经费支出 2002—2007 年较少且增长较为缓慢。2008—2021 年增长较快。创新是保持一国经

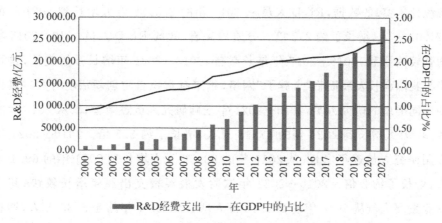

图 4-2　研究与试验发展（R&D）经费支出（亿元）及在 GDP 中的占比

数据来源：作者根据 2001—2022 年的《中国科技统计年鉴》整理而得

济发展的重要活力因素，因此 2008 年金融危机期间我国也没有缩减研发经费支出。值得注意的是，2018 年我国 R&D 经费支出总额高达 19 677.93 亿元，同比增长 11.77%。具体从增长速度来看，2008 年之前增速较快，2008 年之后增速较为缓慢。

4.1.2　创新活动偏向"重实用轻基础"

研究与试验发展（R&D）是指对现有知识（包括人类、文化和社会的知识）通过新的应用来增加知识库，从而进行系统性工作和创造性工作。根据不同的特性，可以将其分为基础研究（以获取已经发生的现象，观察事实的基本原理、规律和新知识为目的的工作）、应用研究（一种初步研究，旨在确定基础研究成果的可能用途，并确定实现具体和预定目标的新方法，目的是获取新知识，以实现具体的实际目的或目标）以及实验开发（为开发新产品或改进现有工艺而进行的系统研究，该过程主要是指通过实践研究验证经验知识或产生新知识的过程）三种类型。为了深入分析我国的创新产出，下面具体介绍我国不同类型的 R&D 经费支出。

如图 4-3 所示，2010—2021 年，我国 R&D 人员逐年增长。根据《中国科技统计年鉴》的数据,R&D 人员从 2010 年的 255.38 万人增长到 2021 年的 571.63 万人,增长了约 2.2 倍。分阶段来看,我国 R&D 人员 2010—2015 年增长较为平稳,2015—2017 年增长较慢,2018—2021 年增长开始变快,这可能与我国科技发展面临"卡脖子"困境,越来越重视自主创新活动有关。具体到不同类型的研究人员,2010—2021 年基础研究人员逐渐增长,从 2010 年的 17.37 万人增长到 2021 年的 47.19 万人,增长了约 2.5 倍。2010—2021 年应用研究人员逐年增长,从 2010 年的 33.56 万人增长到 2021 年的 69.1 万人,增长了约 2 倍。2010—2021 年试验发展经费支出逐年增长较快,其中试验发展人员从 2010 年的 204.46 万人增长到 2021 年的 455.35 万人,增长了约 2.5 倍。

图 4-3　中国 R&D 人员及不同类型人员

数据来源:作者根据 2011—2022 年的《中国科技统计年鉴》整理而得

如图 4-4 所示,2010—2021 年基础研究经费支出逐渐增长,从 2010 年的 324.49 亿元增长到 2021 年的 1817.03 亿元,增长了约 6 倍。应用研究经费支出从 2010 年的 893.79 亿元增长到 2021 年的 3145.37 亿元,增长了约 3.5 倍。试验发展经费支出从 2010 年的 5844.3 亿元增长到 2021 年的 22 995.88 亿元,增长了约 4 倍。

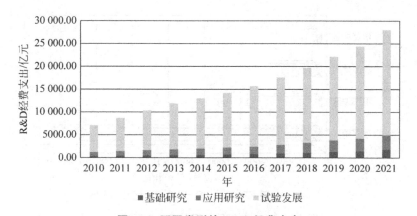

图 4-4　不同类型的 R&D 经费支出

数据来源：作者根据 2011—2022 年的《中国科技统计年鉴》整理而得

4.1.3　研发投入呈"东南强中西弱"局面

改革开放以来，制造业作为国民经济主体经历了快速的规模扩张，尤其是加入 WTO 后，我国在实现了自身迅速发展的同时，在国际分工体系中也开始扮演不可替代的重要角色。在国际市场上，我国快速成长为名副其实的"世界工厂"。然而，我国创新发展却存在严重的区域不平衡现象。

如图 4-5 所示，2021 年不同地区的 R&D 经费支出存在较大差异。整体来看，东部地区创新支出最多，中部地区的创新支出次之，而东北地区的创新支出最少。具体来看，东部地区的 R&D 经费支出为 14 614 亿元，其中，基础研究经费支出为 895 亿元、应用研究经费支出为 1555 亿元、试验发展经费支出为 12 164 亿元。中部地区的 R&D 经费支出为 3868 亿元，其中，基础研究经费支出为 159 亿元、应用研究经费支出为 380 亿元、试验发展经费支出为 3328 亿元。西部地区的 R&D 经费支出为 2859 亿元，其中，基础研究经费支出为 203 亿元、应用研究经费支出为 401 亿元、试验发展经费支出为 2255 亿元。东北地区的 R&D 经费支出为 803 亿元，其中，基础研究经费支出约为 78 亿元、应用研究经费支出约为 163 亿元、试验发展经费支出约为 563 亿元。

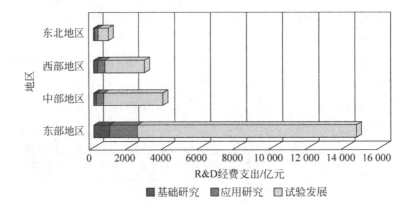

图 4-5　2021 年不同地区的 R&D 经费支出

数据来源：作者根据 2022 年的《中国科技统计年鉴》整理而得

4.2　高校创新活动及参与协同创新的现状

参与产学研协同创新的重要主体主要是高等院校、企业及学研机构三方，因此这三方的发展决定了产学研协同创新的方向与效率。本节基于国家统计局《中国统计年鉴》和教育部《高等学校科技统计汇编》的数据，对我国高等院校、企业及科研机构的创新能力现状进行分析，并基于现有数据基础探讨高等院校、企业及科研机构在产学研协同创新中的作用。

4.2.1　高等院校的科研基础夯实

1. 高等院校数量

随着我国经济的转型升级，作为经济发展重要人才支撑的高等教育事业快速发展。其中作为衡量高校发展的重要指标——高等院校数量呈现逐年增加的趋势。如图4-6所示,我国的高等院校数量由2017年的1805所增长为2021年的2078所,平均每年增加近55所,为产学研协同创新提供了丰富的高校数量资源。从高校类型看,地方院校的数量增长最快,部委院校和教育部直属院校的数量增长不显著。

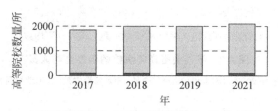

图 4-6　不同类型高等院校的数量

数据来源:作者根据2017—2021年(2020年除外①)教育部发布的《高等学校科技统计资料汇编》整理而得。

2. 科研人员投入

高等院校参与产学研协同创新的主要资源之一是研发全时人员,从科研人员总量看,三种不同类型的院校的数量都呈上升趋势,且地方院校的绝对量远远大于部委院校和教育部直属院校的绝对量。从高校类型上看,教育部直属院校的研发人员比例稳居高位,远远大于其他部委院校和地方院校,且呈逐年增长的趋势。对比图4-7中的开口趋势可知,教育部直属院校与其他部委院校的开口趋于不变,增长速度相当。地方院校的开口趋势呈逐年扩大趋势。综上可知,虽然地方院校绝对量占据优势,但是一些新增加的地方院校存在科研人员数量不足的问题,科研能力还有待进一步提升。

高等院校参与产学研协同创新的另一个主要资源是R&D成果应用及科

---

① 根据教育部科学技术与信息化司的回复:2020年的统计数据加入了博士生作为研发人员,与其他年份的统计口径不一致,所以将2020年的数据剔除。

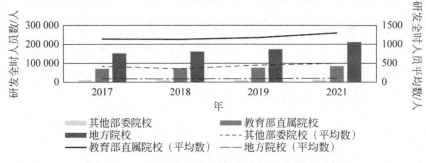

图 4-7 不同类型高等院校的研发全时人员

数据来源：作者根据 2017—2021 年（2020 年除外）教育部发布的《高等学校科技统计资料汇编》整理而得

技服务全时人员。如图 4-8 所示，从数量上看，地方院校的人数逐年上升，教育部直属院校的人数波动较明显。从平均数上看，教育部直属院校的平均数远远高于其他两类院校的平均数，且教育部直属院校与其他部委院校的开口趋势自 2018 年之后呈逐年扩大的趋势，但教育部直属院校与地方院校的开口呈逐年变小的趋势，特别是其他部委院校与地方院校之间的开口呈现的减小趋势十分显著。由于知识的传递、流动具有一定的规模效应，因此可以运用校均科研人员及服务人员数量来衡量不同类型院校的知识与流动情况，以显示其创新能力，进而比较不同类型院校在产学研协同创新竞争中的优势。但

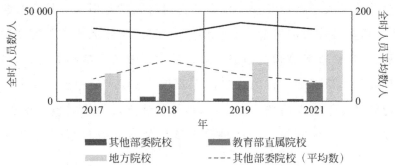

图 4-8 不同类型高等院校的研发成果应用及科技服务全时人员

数据来源：作者根据 2017—2021 年（2020 年除外）教育部发布的《高等学校科技统计资料汇编》整理而得

由于高校的科研激励大多采用"高压控制"与"工分制"相结合的模式,这种模式导致科研成果呈现重"量"轻"质"的现象,特别是探索颠覆性创新较少的现象。

3. 科研经费投入

高校在科技研发领域的资金投入即高校的科技经费支出情况能够在一定程度上反映高校对参与科研创新的热情与意愿。如图 4-9 所示,近 5 年来,我国高等院校的科研经费支出呈现较为显著的增长趋势。从具体细化的指标来看,在投入总金额指标方面,教育部直属院校的经费总额最高,且呈逐年增加的趋势;地方院校的科研经费投入 2021 年达 1126.5 亿元。从科研投入平均数来看,教育部直属院校的校均科研经费支出是三种类型高校中最高的,尤其是 2021 年达 17.6 亿元左右。其后是部委院校,平均投入高达 10.5 亿元。而地方院校的 2021 年校均科研经费投入仅为 0.6 亿元左右,约为教育部直属院校的 3%。由此说明地方院校与教育部直属院校和部委院校的差距仍十分巨大。

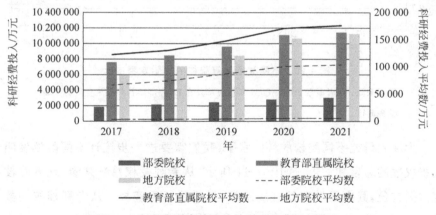

图 4-9 不同类型高等院校的科研经费投入情况

数据来源:作者根据 2017—2021 年(不包括 2020 年)教育部发布的《高等学校科技统计资料汇编》整理而得

4.2.2 高等院校的科研成果多,且以发明专利居多

1. 专利授权情况

科研产出水平一般用专利的授权数指标,即高等院校的专利授权数(项)(包含发明专利、实用新型、外观设计三类)来衡量。通过对比三类研发的难度,可知发明专利的难度系数最大,因此可以选择发明专利授权数的占比这一指标来衡量不同院校的科研产出水平。如图4-10所示,部委院校发明专利的授权数占比最高,高达80%,其次是教育部直属院校,最后是地方院校,仅为30%,说明地方院校与部委院校的科研水平差距还是比较明显的。

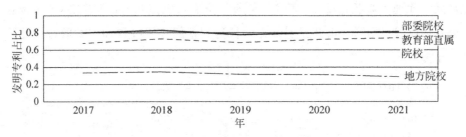

图 4-10 不同类型高等院校的发明专利占比

数据来源:作者根据 2017—2021 年教育部发布的《高等学校科技统计资料汇编》整理而得

为深入研究不同院校的科研水平,我们需要进一步统计不同院校发明专利授权数的总量和均数。如图4-11所示,从专利授权总数来看,地方院校一直占据首位,其次是教育部直属院校,最后是部委院校。从专利授权均数来看,教育部直属院校发明专利的授权均数最高,其次是部委院校,最后是地方院校。由此可知,地方院校在专利授权的绝对数量上占据明显的优势,但从相对数量来看,地方院校的科研产出水平仍有较大的差距。

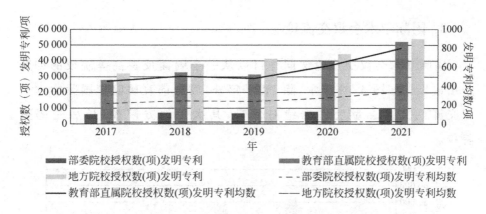

图 4-11　不同类型高等院校的发明专利总数和均数

数据来源：作者根据 2017—2021 年教育部发布的《高等学校科技统计资料汇编》整理而得

2. 学术论文与科技著作产出

学术论文和科技著作产出作为代表高校参与科研活动的重要指标，可以在一定程度上反映高校的创新产出成果水平。如图 4-12 所示，从整体上看，三种类型院校的论文发表数量和科技著作出版数量均呈先增长后降低的趋势。值得注意的是，地方院校在绝对数量上占据显著的竞争优势，而部委院校在绝对数量上较为弱势。

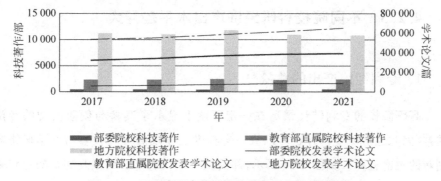

图 4-12　不同类型高等院校的学术论文和科技著作

数据来源：作者根据 2017—2021 年教育部发布的《高等学校科技统计资料汇编》整理而得

3. 国际学术会议交流论文

国际学术会议交流论文同样可以从一个侧面反映高等院校的创新产出成果。如图4-13所示,除2021年外,教育部直属院校国际学术会议交流论文在总量上占据绝对优势,其次是地方院校,最后是部委院校。

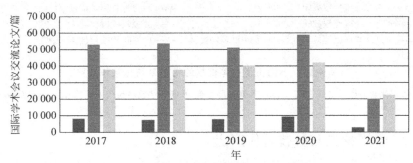

图4-13 不同类型高等院校的国际学术会议交流论文数量

数据来源:作者根据2017—2021年教育部发布的《高等学校科技统计资料汇编》整理而得

4.2.3 不同院校科研经济产出水平差异大

1. 专利经济产出的总量

高等院校的专利转让情况在一定程度上显示了其参与创新活动的经济效益,因此经济效益指标也可以从一定程度上体现高等院校参与产学研协同创新的意愿程度。如图4-14所示,部委院校专利出售合同涉及的金额近年来呈现明显的增长趋势。教育部直属院校的专利出售合同转让金额波动较为明显,其中有两年变化十分明显:2018年较低,2021年较高。地方院校专利出售合同转让金额除了2018年出现下降外,其余年份均平稳增长。从总量上看,除 2018 年外,教育部直属院校的总量占据绝对优势,其次是地方院校,部委院校最少。教育部直属院校的专利合同金额一直领先于部委院校和地方院校,而且近年来的领先差距呈扩大趋势,这说明教育部直属院校在专利的经济转化上更为活跃。

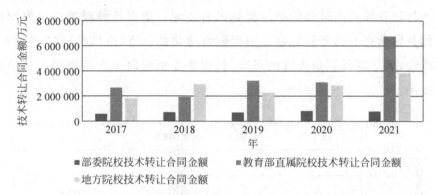

图 4-14　不同类型高等院校的技术转让合同总金额

数据来源:作者根据 2017—2021 年教育部发布的《高等学校科技统计资料汇编》整理而得

2. 不同类型高等院校技术合同的单个金额及流向

为了深入分析不同院校的科研经济成果,我们还需要进一步分析单个技术转让合同的涉及金额。如图 4-15 所示,地方院校单个技术转让合同的涉及金额最高,其次是教育部直属院校,最后是部委院校。这说明地方院校的合

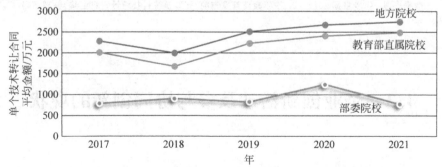

图 4-15　不同类型高等院校单个技术转让合同的平均金额

数据来源:作者根据 2017—2021 年教育部发布的《高等学校科技统计资料汇编》整理而得

同总量虽然不具有最大的优势,但是每个技术转让合同的金额最高,可以更多地服务于地方经济和区域经济。

为了研究高等院校的科研成果发展,需要进一步统计不同类型高等院校技术转让合同的流向。如图 4-16 所示,无论哪种类型的高等院校,技术转让合同流向最多的单位都是民营企业。造成这种现象的主要原因可能是民营企业的创新机制。由于创新活动是一项"高风险"与"高投入"的活动,为了降低创新失败的风险,民营企业更倾向于直接购买高校的创新成果。

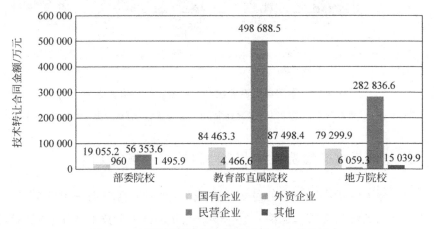

图 4-16　不同类型高等院校技术转让合同的流向

数据来源:作者根据 2017—2021 年教育部发布的《高等学校科技统计资料汇编》整理而得

4.3　企业创新活动及参与协同创新的现状

近年来,随着创新重要性的日益显现,各地政府为了提高本地的市场竞争力,纷纷出台鼓励企业参与创新的政策,这些政策激励了企业的创新动力,使我国企业研发总支出的增长速度跃居世界前列。同时,在数字科技的催化下,移动互联网、大数据、云计算、人工智能及物联网等新兴技术不断深入企业的各个环节。为了确保在动态竞争环境中获取生存与发展的能力,甚至不断壮大能力,企业十分重视创新发展,不断探索合适的创新发展模式。每个企业都希望提高自主创新能力,获取更多的市场份额,提高核心竞争力,进而获取持久的国际竞争优势。然而,尽管企业以各种形式积极实践创新活动,但较高的创新失败率让市场主体不敢加大研发投资。此外,随着逆全球化的蔓延,环境不确定性不断提高,我国制造企业呈现创新能力不足的现象。为了解决这一现象,国家需要加强管控与指引。一方面,发达国家创新力下降与封锁力度的加强,迫使我国"模仿式"的创新越来越不符合发展要求,提升自主创新能力和关键技术科研能力是我国企业努力的方向;另一方面,关键核心技术被"卡脖子"给国家总体安全带来了隐患,提升企业技术创新能力成为解决"卡脖子"问题及推动经济高质量发展的必然要求。

4.3.1 产品创新成果突出

新产品是指具有新的性能或新的使用功能的产品,主要通过一系列创新活动对原有产品进行升级改进而实现。这一系列创新活动是指在产品生产过程中,基于构思新的设计概念,通过新的科学技术,生产在结构、材质、工艺等方面具有新变化的产品。企业生产新产品一般采用自己拥有的专利权。专利权是由专利局颁给发明人的一种保护创新成果的法律保障。这种发明的专有权归该项发明的发明人和设计人。因此,很多学者用专利权来反映企业拥有自主知识产权的科技和设计成果情况,主要包含发明、实用新型和外观设计三种类型。其中,发明专利是一种对产品进行变革的实质性创新,是反映企业自主知识产权水平的重要指标。国际上通常用发明专利来反映国际竞争力。虽然为了摆脱"卡脖子"的困境,我国企业主要以开发新产品作为产学研协同创新活动的第一目标,但由于我国企业的实质性创新处于起步的上升阶段,产品定型后的工艺创新仍有很大的发展潜力,因此兼顾产品和工艺创新的企业是进行创新活动的重要手段,具体情况如图 4-17 所示。

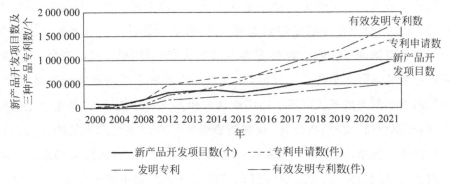

图 4-17　企业的创新产出

数据来源:作者根据 2001—2022 年的《中国科技统计年鉴》整理而得

由图 4-17 可知,2000—2021 年中国企业的专利申请数整体呈现上升趋势。根据《中国科技统计年鉴》数据,企业专利申请数从 2000 年的 26 184 件增长到 2021 年的 1 403 611 件,增长了约 53 倍。分阶段来看,企业专利申请数 2002—2014 年增长较缓慢,2015—2021 年增长较快,2000—2021 年呈上升趋势。企业发明专利数从 2000 年的 7970 件增长到 2021 年的 494 589 件,增长了约 62 倍;有效发明专利数从 2000 年的 15 333 件增长到 2021 年的 1 691 909 件,增长了约 110 倍。其中,企业的新产品开发数 2000—2021 年呈逐年上升趋势,从 2000 年的 91 880 件增长到 2021 年的 958 709 件,增长了约 10 倍。分阶段来看,中国企业新产品开发数 2002—2004 年有所减少,2008—2014 年呈上升趋势但增长速度较为缓慢,2015—2021 年呈增长缓慢降低的趋势。

如图 4-18 所示,2000—2021 年我国企业的新产品销售收入逐年增长。根据《中国科技统计年鉴》中的相关数据,企业新产品的销售收入从 2000 年的 9369.5 亿元增长到 2021 年的 295 566.7 亿元,增长了约 32 倍。分阶段来看,我国企业的新产品销售收入 2002—2011 年呈增长趋势且增长幅度较大,2012—2021 年增长幅度较小。2000—2021 年我国企业的新产品销售收入在营业收入中的占比整体呈上升趋势。而企业新产品出口从2000年的1728.4亿元增长到2021年的52 417.1亿元。分阶段来看,2002—2008年我国企业的新产品出口上升幅度大。2011—2021年企业的新产品出口数量平稳上升,值得注意的是疫情三年我国的新产品出口增长趋势显著,并没有受到太多的负面影响。

图 4-18　企业的新产品出口及销售收入

数据来源:作者根据2001—2022年的《中国科技统计年鉴》整理而得

4.3.2　民营企业日益成为创新主体

政府对于创新发展的重视可以激励企业的创新积极性,使企业更愿意在自主创新上增加投入,而研发的投入增加将有助于企业实现长远发展,提高企业的核心竞争力。与国有企业拥有强有力的政府支持不同,民营企业要想赢得市场竞争力、实现长远发展,必须加大研发创新投入,争取在创新活动中实现突破,从而不断提高自身的核心竞争力。从现有数据可知,民营企业的创新产出已经成为我国产学研协同创新能力的主要力量。在我国企业的创新研发支出中,民营企业的研发投入正在逐步提高,而国有企业却逐渐减少,如图4-19所示。民营企业通过提高自身的创新能力,促进了企业的发展,占据了一定的市场。

如图4-20所示,企业的研发投资规模整体呈上升趋势。民营企业成为中坚力量且呈上升趋势,国有企业的占比缓慢下降。总体来看,企业的研发投

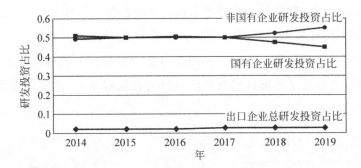

图 4-19　企业研发投资占比趋势图

数据来源：CSMAR 数据库（https://www.gtarsc.com/）。

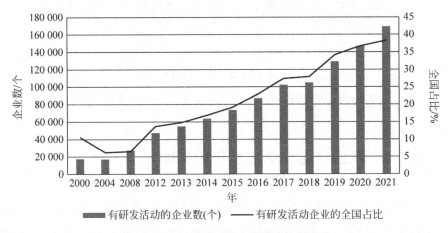

图 4-20　有研发活动的企业数和全国占比

数据来源：作者根据 2017—2022 年的《中国科技统计年鉴》整理而得

资趋势平稳，从 2017 年开始，国有企业的研发投资呈下降趋势而非国有企业的研发投资呈上升趋势。

技术创新是促进经济增长的关键引擎，也是促进企业获得核心竞争力和垄断优势的重要抓手。根据《中国科技统计年鉴》的数据，我国企业研发活动的活力越来越大，研发活动的数量越来越多。截至 2021 年，有研发活动的企业已达 185 848 家。分阶段来看，有研发活动的企业数量 2002—2012 年增长幅度较大，2013—2021 年增长幅度较小且平稳，其中 2018 年有所减少，可能是因为受到中美贸易摩擦的影响。进一步对比有研发活动企业的全国占比可知,2008年金融危机之前,我国有研发活动的企业占比呈下降趋势,之后一直呈稳步增长的趋势,同样2018年略有下降。

4.3.3 自有资金是企业科研经费主力

如图4-21所示,2021年不同地区企业的研发经费来源存在较大差异。整体来看,2021年研发经费中来自企业的资金为16 887.150 65亿元,占研发经费总支出的比例为76.26%。东部地区研发经费中来自企业的资金为11 347.497 47亿元,占东部地区研发经费总支出的比例为77.65%;中部地区研发经费中来自企业的资金为3209.635 26亿元,占中部地区研发经费总支出的比例为82.98%;西部地区研发经费中来自企业的资金为1825.558 53亿元,占西部地区研发经费总支出的比例为63.86%;东北地区研发经费中来自企业的资金为504.459 42亿元,占东北地区研发经费总支出的比例为62.78%。

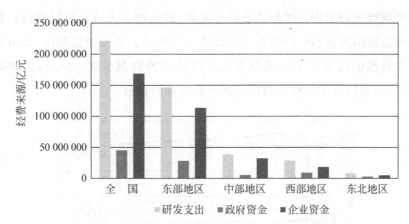

图4-21 2021年不同地区企业的研发经费来源

数据来源:作者根据2022年的《中国科技统计年鉴》整理而得

4.4 科研机构的创新活动及参与协同创新的现状

4.4.1 中央与地方的科研基础差距显著

如图4-22所示,近年来我国科研机构的数量呈逐年减少的趋势,由2017年的3547个减少为2021年的2962个,减少幅度约为16.5%。从不同所属机构来看,地方科研机构呈逐年减少的显著趋势,而中央科研机构呈逐年增加的趋势。地方科研机构数量由2017年的2819个减少到2021年的2216个,减少幅度约为21.4%;中央科研机构数量由2017年的728个增加到2021年的746个,增加了约2.5%。这说明我国科研机构数量的减少主要是地方科研机构的减少。究其原因是随着科技的发展和改革的深入,国家不断鼓励中国特色国家创新体系的建设与完善,并鼓励和支持科研机构以多种形式发展成新型的科研生产经营实体融入服务经济。在发展过程中,部分科学研究与开发机构选择了包括企业化在内的多种转制模式。因此,从整体上看,近年来我国科研机构的数量呈现不升反降的趋势。

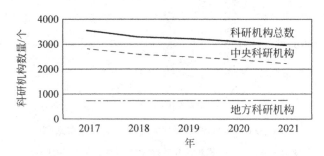

图 4-22 科研机构的数量

数据来源:作者根据2018—2022年的《中国统计年鉴》整理而得

研发人员是体现一个科研机构创新活力和创新能力的重要指标。本书选择研发人员全时当量（即全时人员数加非全时人员数按工作量折算为全时人员数的总和）及其增长幅度来衡量该指标。从近5年的统计数据看，我国科研机构研发人员的增长整体上呈较为稳定的上升趋势，其全时当量由2017年的40.6万人增加到2021年的46.1万人，如图4-23所示。这意味着科研机构创新人才更加密集，创新能力总体得到加强。从科研机构研发人员的增长幅度看，从2018年开始，增长幅度呈较为明显的上升趋势，但2021年增长幅度下降较大，这可能与三年疫情有关。

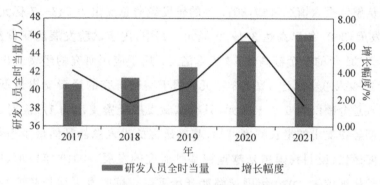

图 4-23 科研机构的研发人员全时当量及增长幅度

数据来源：作者根据2018—2022年的《中国统计年鉴》整理而得

如图4-24所示，三种类型研发人员数量均呈缓慢增长的态势。基础研究

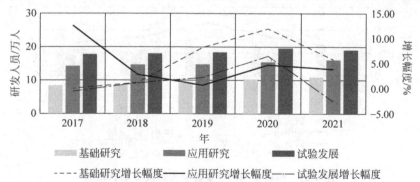

图 4-24 科研机构的研发人员分类及其增长幅度

数据来源：作者根据2018—2022年的《中国统计年鉴》整理而得

人员的增长幅度一直呈上升态势,但2020年开始下降。应用研究人员的增长幅度在2019年前呈显著的下降趋势,之后开始缓慢上升。试验发展研发人员的增长幅度一直呈缓慢增长趋势,但2020年增幅下降较大。究其原因主要是国家越来越重视基础研究的发展。

4.4.2 科研投入力度大,且政府资金占主要地位

科研机构的研发经费支出情况能够反映科研机构参与科研创新的意愿程度。从整体投入情况可知,2017年的研发经费总支出为2435.7亿元,经过5年的发展,2021年已高达3717.9亿元。其中,用于试验发展的研发经费支出最高,2021年的总金额高达1877.4亿元;用于应用研究的经费支出次之,2021年的投入总金额达1196.3亿元;用于基础研究的经费支出最低,2021年的投入总金额仅为646.1亿元,只有试验发展经费支出的1/3。对比分析三种类型经费支出的增长幅度可知,基础研究的投入总额虽然最少但每年的增长速度最快,说明我国越来越重视基础研究的发展。2019年以前,应用研究的增长幅度较大,2020年增长幅度开始下降。试验发展增长幅度最低,整体呈缓慢增长的态势,而2019年之后开始呈下降趋势,如图4-25所示。

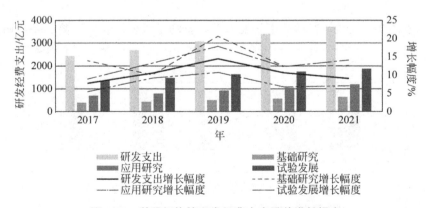

图 4-25 科研机构的研发经费支出及其增长幅度

数据来源:作者根据2018—2022年的《中国统计年鉴》整理而得

从研发经费来源看,政府资金仍然占据主要地位,且总量呈逐年缓慢增长的趋势,但其增长幅度从 2018 年开始呈逐年递减的趋势,如图 4-26 所示。对比企业资金,企业资金总量投入逐年增加,且其增长幅度也呈上升趋势,尤其是 2020 年增长幅度最大。由于企业资金的特殊性,使其在一定程度上代表了科研机构参与产学研协同创新的情况。当该部分资金增长幅度显著时,显示科研机构与企业的关联度,从侧面说明科研机构参与产学研协同创新的活跃程度显著提升。但从科研机构资金来源的总量看,虽然企业来源资金呈现逐年增加的趋势,但在科研机构的研发经费占比仍然极低。这表明我国科研机构对参与产学研协同创新活动的积极性仍不高,尚未真正发挥科研成果服务企业、支持企业、帮助企业改善技术创新的作用。

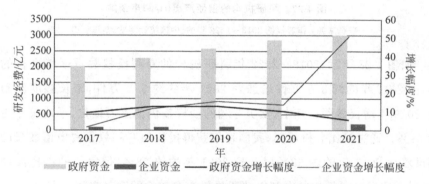

图 4-26 科研机构的研发经费来源及其增长幅度

数据来源:作者根据 2018—2022 年的《中国统计年鉴》整理而得

4.4.3 科研成果虽丰富,但仍以发明专利为主

总体而言,近年来我国科研机构的专利申请数量呈增长趋势。如图 4-27 所示,我国科研机构的专利申请受理数量已由 2017 年的约 5.6 万件上升为 2021 年的约 8.2 万件。其中,发明专利是我国科研机构的主要创新产出,其数量年均都超过总数量的 77%。发明专利的申请数量已由 2011 年的约 4.3 万件上升到 2021 年的约 6.4 万件。综上可知,我国科研机构的创新产出质量相对较高。虽然专利申请数的增长幅度呈缓慢增长的趋势,但发明专利增长幅

度自2019年后呈上升趋势。

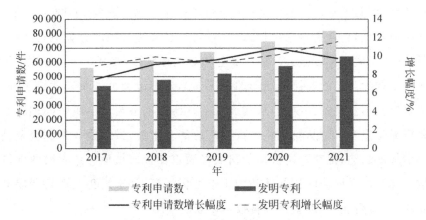

图 4-27　科研机构的创新产出（专利申请数）

数据来源：作者根据2018—2022年的《中国统计年鉴》整理而得

如图4-28所示，2018—2022年科研机构的专利授权数呈逐年增长的趋势，由2017年的约3.5万件增加到2021年的约5.5万件，增长幅度波动明显，2019年增长显著。其中，发明专利的授权数仍占主要地位，平均每年占比为63%。通过对比分析可知，我国每年获得授权的专利数量占申请数量的比例虽然从2017年的约63%提升到2021年的约68%，但每年的占比波动较大，说明我国科研机构的专利申请质量仍存在较大的改善空间。

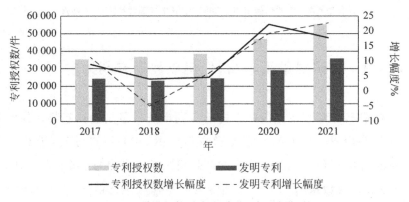

图 4-28　科研机构的创新产出（专利授权数）

数据来源：作者根据2018—2022年的《中国统计年鉴》整理而得

另一个反映科研机构创新成果的重要指标是科技论文和科技著作产出。如图4-29所示,科研机构发表科技论文的数量呈逐年上升的趋势,由2017年的17.8万篇上升到2021年的19.6万篇。其中,在国外发表论文的占比逐年增加。出版科技著作的数量近5年来变化不大,平均在5595部左右,涨幅不明显。

图4-29 科研机构的研发产出成果

数据来源:作者根据2018—2022年的《中国统计年鉴》整理而得

4.5 本章小结

本章对我国创新活动的整体概况进行了分析。首先,从高等院校数量、科技人力资源、科技平台建设、高校科研经费支出等方面分析了高校开展创新活动及参与协同创新的现状;其次,分析了我国企业创新活动的特点,即目前我国企业的创新活动呈现产品创新成果突出、民营企业日益成为创新主体、企业自有资金是科研经费主力等特点;最后,通过对比分析了我国科研机构的创新发展现状。目前我国科研机构的创新活动呈现科研基础中央与地方差距显著、科研投入力度大且政府资金占主要地位、科研成果虽丰富但仍以发明专利为主等特点。总体来看,目前我国创新水平呈现研发投入规模大但强度不足、创新活动偏向"重实用轻基础"、研发投入呈"东南强中西弱"局面等特点。

第 5 章
新时代产学研协同创新动力与路径选择

本章总结了新时代产学研协同创新的动力与阻力,并厘清了创新领域中政府和市场的边界,为政府更好地参与产学研创新系统,发挥"有形之手"的作用提供政策建议。首先,根据前文的研究提出新时代产学研协同创新的动力与阻力;其次,讨论新时代产学研协同创新与政府创新补贴客观存在的矛盾关系,继而从合作共赢的角度提出政府创新补贴与产学研创新活动协同融合机制;再次,基于演化博弈模型模拟新时代政府参与产学研创新系统的行为,分析政府创新补贴与产学研创新的最优策略、体系整体收益及影响要素,并利用仿真分析推演政府与产学研创新体系协同融合的动态演化过程;最后,结合演化博弈结果,为新时代政府参与产学研创新系统提供理论依据。

5.1 新时代产学研协同创新的动力与阻力

产学研协同创新实质是企业、大学、科研机构、政府、中介机构、金融机构等为实现重大科技创新而开展大跨度整合的技术创新战略联盟组织形式,其动力形成的方向和目标是协同创新能力不断提升,最终获取联盟竞争优势。产学研协同创新动力是指推动企业、高校和研究机构等不同创新主体参与协同创新的影响因素。产学研协同创新的动力形成过程就是产学研各主体核心能力不断培育和提升并最终互补融合,提高整体协同创新能力、建立联盟竞争优势的过程。为了实现产学研协同创新系统的整体绩效,各创新主体既要有保留各自创新优势的独特性,也要有参与协同共同体的合作性。由此可知,协同创新的根本动力不仅包括技术创新本身的效益驱动力,还包括协同共同体互动的效益增长的驱动力。产学研协同创新动力正是引发各主体之间相互资源和要素关系,不断激发协同行为的外部环境驱动力与内在行为激励力的相互作用机制。

5.1.1 新时代产学研协同创新的动力[①]

目前,对产学研协同创新动力问题研究的焦点主要集中在产学研合作创新的动力来源及其影响作用上。在动力来源上,Veugelers 等(2005)认为,产学研合作的动机主要来源于企业、大学之间的知识和能力"异质性"、节约交易费用、独占知识技术三个方面。[②] 朱勇(2009)认为,大学科技园能否建立产学研各方自我平衡、互促发展的利益共享机制,将直接影响我国政、产、学、研、金、介的有效结合以及自主创新体系建设的成效。[③] 吕海萍等(2004)认为,产学研结合的激励力不仅可以激发各方的合作动力,而且可以减少各方的合作障碍或阻力。[④] 借鉴国内外学者对相关动力问题的分析,我们从产学研协同创新内部动力和外部动力两个方面系统分析其动力因素及相互作用

[①] 周正,尹玲娜,蔡兵.我国产学研协同创新动力机制研究[J].软科学,2013,27(7):52-56.

[②] Veugelers R, Cassiman B. R&D Cooperation between Firms and Universities: Some Empirical Evidence from Belgian Manufacturing[J]. International Journal of Industrial Organization, 2005(56): 355-379.

[③] 朱勇.产学研自平衡运营机制研究[J].科技管理研究,2009(7):95-97.

[④] 吕海萍,龚建立.产学研相结合的动力——障碍机制实证分析[J].研究与发展管理,2004,16(2):58-62.

机理。

5.1.1.1 产学研协同创新的外部动力

产学研协同创新的外部动力是指存在于产学研协同创新联盟外的动力因素,通过诱导、刺激、驱动等方式,对联盟内的创新产生推动作用,是联盟竞争优势获取的环境驱动力,主要包括技术推动力、市场需求拉动力、市场竞争压力和政府支持力。

1. 技术推动力

当今产业界面临技术不断变革的环境,对外部技术供给产生更为迫切的需求,任何一个经济体如果不适应这种变化、不进行技术创新,将难以在激烈的市场竞争中生存与发展。技术变革已成为推动产学研协同创新的重要驱动因素,其驱动作用主要表现为:①新技术思路诱导。新的技术思路能够诱导产学研协同创新联盟决策层去组织协同创新活动,并将创新成果投入商业化应用。②技术轨道。重大技术成果形成技术规范模式化以后,便形成了技术轨道。只要某项技术成功转化,同类创新便会沿着这条轨道,自发进行渐进性创新,为后续的根本性创新积累能量。③技术预期。联盟决策者只要预测某项合作技术并未进入衰退期,应用该项技术能增加整体预期收益,就会将该技术投入商业化。④输入推动。输入推动技术创新的效应主要取决于特定技术本身的技术进展程度,其经济效果只取决于特定技术在经济生活中的有效程度。

2. 市场需求拉动力

研发能力如果无法满足技术创新的需求,独立研发创新将无法进行,此时企业寻求产学研协同创新的内在动力之一就是积极寻找市场的外部因素。市场需求是创新活动的基本起点,是拉动、牵引产学研协同创新的主要外部动力。市场对产学研协同创新的影响主要体现在两个方面。一方面,市场需求既是产学研协同创新的出发点,也是创新与产业化的落脚点。也就是说,当协同创新产生的产品无法满足外部市场需求时,就说明产学研协同创新活动已经偏离了"以市场为导向"的轨道。此时,不仅企业、高校和研究机构无法获得经济效益,企业、高校和研究机构的产学研协同创新活动也难以维持下去。另一方面,市场结构在一定程度上能够有效推动产学研协同创新活动。这是因为在同一个细分市场上,市场竞争的激烈程度与参与者的数量有很大的关系。市场上的竞争者越多,各主体间的竞争就越激烈,随之就会产生供过于求的市场,造成市场饱和、商品同质化。这时企业依靠传统价格手段无法解决根本性问题,只能依靠技术创新手段,通过降本增效适应不断变化的市场需求,维持市场份额增长。因此,企业要在市场上立于不败之地,就离不开技术创新能力。在市场经济中,企业都是围绕市场需求开展生产经营活动。企业如果预期市场需要某些产品与技术,而自身技术创新能力不足,无法满足这种需求,就会寻求与外部组织合作。企业通过与大学、科研机构等组织合作,协同开展技术创新活动,研发出市场所需的产品与服务来响应市场需求的动态变化,并在市场竞争中不断寻求发展。

3. 市场竞争压力

竞争是市场机制激发技术创新行为的重要驱动因素。在市场竞争压力下,企业仅凭独自创新很难在激烈的市场竞争中立于不败之地,必须寻求技术创新的合作伙伴。在企业关注的外部组织中,高校和科研机构是创新的理论源头,具有与企业异质性的资源和能力,企业与这些机构联动,发挥互补协同效应,可以提升创新集成活动的效率,为企业发展提供技术源泉和发展后劲。市场竞争对产学研协同创新的促进作用主要表现为:①竞争迫使产学研协同创新联盟各方主体快速收集合作项目相关资料,准确预测合作开发技术的应用前景,为技术成果的商业转化做好前期准备。②竞争迫使产学研各方协同进行可成功实施成果转化的技术攻关,将新技术融于顾客需求的实物产品,创造竞争优势,避免竞争导致的不利位置。③竞争迫使产学研协同创新联盟各技术创新主体为获取长期的国际或垄断竞争优势不断强化自身的危机意识与进取意识,进而树立新的观念,自觉自愿参与知识学习和技术创造。

4. 政府支持力

在产学研协同创新中,政府是产学研协同创新的初始推动者,对推动产学研协同创新起着决定性的作用。产学研协同创新是一项系统工程,产学研各方都不能独立承担协调和组织的重任,只有政府才能有效组织、推动、协调、激励和引导产学研协同创新,发挥重要的职能和不可替代的作用。政府支持推动产学研协同创新主要表现在行为引导与政策激励两个方面。首先,在行为引导上,政府行为在产学研协同创新中起着明显的纽带作用,其引导力在调动、整合、利用社会资源方面具有得天独厚的优势,特别是在现阶段,我国绝大多数高校与科研院所的兴办和运行都是由政府出资,尤其是师资力量、科研力量雄厚的一流高校和科研院所都属于官办,高校和科研院所也都希望通过政府的"撮合"和推动,与企业协同开展创新活动。其次,政府的政策激励是产学研协同创新不可或缺的重要动力,政府通过政策激励,激发各主体参与协同创新的欲望,致力于高新技术的研发,尤其是在大规模的技术创新、高新技术创新及应用高新技术改造传统产业的创新中表现最为突出。

5.1.1.2 产学研协同创新的内部动力

产学研协同创新的内部动力是指存在于产学研内部的动力因素,是协同创新活动的内在行为激励动力,也是联盟竞争优势获取的基本动力,主要包括利益驱动力、战略协同引导力、内部激励推动力和创新能力保障力。

1. 利益驱动力

任何社会角色采取某一社会行为,都必然会受到某种利益的驱使。无论是对企业、高校还是科研院所而言,利益的获取都是其参与协同创新的主要驱动力。这里所说的利益包括经济利益和非物质利益,其中非物质利益是指成果所有权、科技专利、外部奖励和声誉等。由此可知,利润获取是产学研协同创新持续性的有力保障,也是衡量产学研协同创新绩效的关键因素。对于产学研的任何主体方，对利益的追求和实现都是促使其开展创新活动的内在驱动力。协同创新过程是一个知识流动的过程：一方面，由于知识存量存在势差，大学与科研院所比企业拥有更多的专门性科研资源，知识可以从大学、研究机构流向企业；另一方面，由于知识属性的差别，企业拥有生产和经营管理知识，而大学与科研院所拥有科学技术知识，通过协同创新，不同属性的知识可以形成互动，共同促进创新活动的开展。产学研各协同主体在创新系统中的功能决定了产学研之间的协同创新可以实现知识流动，可以综合各方分别拥有的技术、人才、市场、信息等资源优势，推动技术的创新，促进科研成果商业化，获得经济利益。通过创新活动拓宽科学研究的视野，提升办学水平和实现研究开发活动的社会价值，是高校核心竞争力的内在需求。科研机构通过创新活动可以获得良好的科研成果转化和生产条件以及高水平的研究成果。企业通过协同创新可以提高自主创新能力，从而提升自身的核心竞争力。实现各自利益最大化是推进产学研协同创新的第一目标，利益驱动是产学研协同创新的最根本内动力，在所有内动力中起主导作用。

2. 战略协同引导力

战略协同的引导功能是指产学研协同彼此的战略目标，对产学研协同创新系统整体及参与创新的每个成员的价值取向和行为取向起引导作用，使之符合各方共同制定的战略目标。企业是技术创新的主力军，高校与科研院所是知识和技术的重要供应者，是技术创新的依托方，三者协同进行技术开发，实现科研成果商业化的战略目标。产学研各方要想形成战略目标协同，必须要求合作各方找准自己在创新链中的角色定位，对合作关系中各自的分工进行战略部署，实现学科链和产业链的有机衔接。战略协同一旦形成，便能将各主体方的单独行为引导到群体行为上，驱使产学研协同创新联盟达成预期目标的一致性，推动技术创新向正确的轨道运行。

3. 内部激励推动力

内部激励是组织者为了使组织内成员的行为与其目标兼容，并充分发挥每个成员的潜能而采取的一种制度框架。它通过一系列具体的组织行为规范及根据组织成员生存与发展要求、价值观等设计的奖惩制度来运转。产学研协同创新是一个系统工程，涉及经济实力、技术力量、组织结构及产学研合作文化等方面，是各个创新主体协同作用的过程，其核心是人力资本。产学研协同创新的人力资本包括企业创新研发人员、高校教师、科研机构研究人员、科技中介技术服务人员及其他协助参与人员，创新活动顺利开展的前提是充分调动各类人员的创新积极性、主动性。由于高校与科研机构的知识创造者、企业研发人员的创新欲望、工作态度及创新成果受到各种条件的影响和制约，因此必须构建一套能够激发人力资本创新积极性的内部激励机制，推动产学研协同创新联盟的技术创新。

4. 创新能力保障力

产学研协同创新能力的形成，不仅取决于技术创新成果，更取决于具有掌握共性技术与关键技术的创新能力。所谓创新能力是指在创新过程中，充分发挥各方所拥有资源的作用，获得创新收益的实力及可能性。创新能力是创新过程中一系列能力的综合体现。一般情况下，在创新活动之前，产学研协同创新联盟内各创新主体会对各自的人力、资金、物质、信息等资源进行评估和比较，判断合作技术创新项目成功的可能性，决定是否开展项目合作。高校和科研机构的知识创造能力越强，越有可能实现新技术的涌现和现有技术的升级；企业的创新能力越强，越有可能实现技术成果的转化，从而对创新活动的保障力也就越大。同时，较强的创新能力还能保证产学研协同创新过程的稳定性，使协同创新的企业、高校和科研机构匹配相互之间的创新能力，达成技术创新能力的角色互补，实现优势资源共享和创新能力的共同提升。

综上所述，在分析产学研协同创新动力形成和动力因素的基础上，形成了如图 5-1 所示的产学研协同创新动力因素相互作用模型。

如图 5-1 所示，驱动产学研协同创新是内外部动力因素共同作用的结果。内部动力是推进产学研协同创新的直接动力，外部动力通过作用于系统内部动力，支持产学研协同创新系统竞争优势的获取，内部动力在外部动力推动

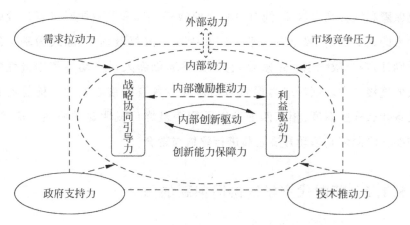

图 5-1　产学研协同创新动力因素相互作用模型

下,形成产学研协同创新系统的竞争优势。在外部动力方面,市场需求是创新的出发点,也是技术创新的终极目标,需求拉动是驱动产学研联合进行项目开发的基础客观环境动力;市场竞争压力通过竞争导致的紧迫感、危机感刺激创新主体的心理预期,进而将压力变为动力;技术推动力属于技术发展过程中不断冲破旧的技术规范,从而形成新技术规范下,在新一轮发展周期中连续积累、日趋完善和高级化不可逆转的发展趋势;政府支持力主要在于创造良好的政策环境,制定一系列有利于推进产学研协同创新的政策法规。各种外部动力因素共同作用于产学研协同创新,需求拉动力是基础动力,市场竞争压力是刺激动力,技术推动力是发展动力,政府支持力是服务动力。在内部动力方面,利益驱动是产学研协同创新的根本内动力,在所有内动力中起主导作用,战略协同强调产学研合作各方期望形成长期、稳定、互惠、共生的协作关系,各自实现目标利益。企业借助高校、科研机构的科研人才优势,在技术攻关上实现全面协同合作,提升企业整体竞争力,而高校、科研机构在现实技术需求的推动下,加强科学研究及知识转移,注重应用型创新人才的培养,进一步提高教学质量和科研水平,强化其服务社会的功能。产学研合作各方基于利益的驱动,自愿组建协同创新联盟,为共同的利益诉求相互协同各自的战略目标,以期提升联盟整体创新能力。在一致的战略协同目标下,内部激励和创新能力保障是确保产学研协同创新活动顺利进行的制度规范保障和核心能力保障,同时也是促使战略协同和利益驱动二者形成强大内动力的调节机制,属于双向动力驱动因素。内部激励中,除最为基本的物质激励外,精神激励也非常重要,它们是调动创新人员主动性和创造性最为有效的直接动力。创新能力保障力则体现了各自的核心能力和优势资源应该具备什么样的高度、相互匹配度以及能否最终形成明显的协同效应等,一般需要在协同创新活动开展之前进行评估与融合。

5.1.2 新时代产学研协同创新的阻力

尽管产学研协同创新在争取投入、研究开发、技术转移等方面发挥了重要的作用,但由于产学研协同创新涉及几个在定位、资源、能力及发展目标上存在明显差异的不同主体,在合作过程中难免遇到一些障碍和阻力。

1. 资源信息的不对称导致科研成果转化率低

资源短缺是企业、高校及科研机构等产学研协同创新合作伙伴进行合作的原因之一。资金、技术、人才、信息等都有可能是协同创新合作伙伴所缺少的资源。作为追求利益的主体,也是科技创新的主体,大多数企业在技术水平、研发能力、人才培养、团队建设等方面滞后于企业的发展,不了解高校和科研机构的研发情况,难以发挥其在技术创新中的主体地位。统计表明,只有少数企业参与产学研协同创新,很多企业不能充分利用高校和科研机构的知识与理论,导致企业技术落后、技术偏差、创新成果少且转化低等问题。高校和科研机构面临的问题是市场信息欠缺,造成科研成果偏离实际,不能满足市场及消费者的实际需求,由此可知,潜在的信息差异导致协同创新成果转化率低下。根据世界银行的统计数据,发达国家研究成果转化率超过45%,日本等国合作创新成果转化率甚至高达70%~80%,是我国的3倍(我国仅为25%)①。

---

① https://www.shihang.org/zh/home.

2. 技术流动阻力大导致产学研协同系统流转不畅

首先,知识和技术的转移关系到协同主体的发展,也是产学研协同创新运行的关键。但是知识共享和转移受到多种因素的影响,参与主体的知识构成、学习能力、营商环境、研发技术水平等都会影响技术流动,影响合作创新目标的实现。其次,完善的机制是技术流动的有力保障,发展技术转移联盟是有效降低技术流动阻力的重要手段。与发达国家相比,我国技术转移联盟的发展还存在许多问题。技术转移联盟,特别是跨区域技术转移联盟,区域间城市合作网络密度差异较大,在珠江三角洲,城市发展成熟,技术转移联盟发展比较快,而在城市发展度低的西部地区,技术转移联盟发展相对缓慢。相关领域专家学者的研究表明,我国大多数科技企业存在自主创新动力不足的现象。当协同创新的成果主要由模仿产生时,产学研创新的动力就会被削弱,自主创新的运行和发展也会受阻。

3. 创新投入不足,创新行为缺失

由于我国制造业长期依赖丰富且廉价的资源和较少的环境支出,很多企业忽视了自身的创新能力。在这种发展模式下,我国的创新形成了重视生产轻视专利、重视有形资产轻视无形资产、重视制造轻视创造的现象。我国是名副其实的加工制造大国,但在创新方面仍存在不足。例如,在智能手机产业,我国一些企业缺乏核心技术,只能沦为大牌手机的组装工厂,无法获得高技术创新所带来的利润。核心技术的缺乏、芯片等关键技术对外国的依赖是我国企业创新发展的隐患,有被"卡脖子"的风险。同时,当前企业的新技术在投入应用市场的过程中,能否获得收益有明显的滞后性。此外,在民营制度性交易成本、综合性运营成本双高的压力下,企业承担的"综合痛感"加剧,导致企业参与创新活动的意愿不高。

4. 产学研协同创新整体效率不高,政府职能合理边界有待优化

当产学研协同创新处于较低水平时,需要政府用"有形的手"去推动协同

创新,提高协同创新的效率。创新驱动发展是建设创新型国家的必由之路。一方面,产学研协同创新是有效手段,需要政府职能的保障。政府需要不断优化创新环境,根据经济发展的实际情况,履行政府职能,按照科技发展规律制定相关政策,确保政策的实施能够真正促进产学研协同创新的发展,即确保政府职能与创新发展目标相匹配。另一方面,为了保障产学研协同创新的顺利进行,要明确政府职能的边界,根据产学研协同创新调整政府的职能结构,根据多变的市场营造适合创新的技术环境。同时,要把握好政府与市场的关系,避免出现过度管控或缺失管控的极端现象。当市场失灵时,需要充分发挥政府职能,运用法律手段,强制实施相关策略,充分保障创新环境的有效性和合理性。

5.2 新时代政府介入产学研协同创新的激励行为

创新是决定一国经济可持续增长的核心因素,是企业赖之以强、国家赖之以盛的原动力,更是引领当代发展的第一动力。根据《2022年全球创新指数报告》,我国综合创新排名第11位,成功进入创新型国家行列。但值得注意的是,虽然中国综合创新排名靠前,但企业创新投入与发达国家企业存在差距。由此可见,我国距实现"创新大国""创新强国"仍有一段距离,需要实现企业转型升级。企业是产学研协同创新的主体,企业的创新能力提升关系国家的创新效率和发展质量,也是企业和国家经济实现持续发展的坚实基础。然而,由于关键核心技术创新等基础研究具有投入高、周期长、风险大和准公共品等特征,同时受到外部公共性难题、知识产权保护制度的相对不完善障碍以及创新融资约束等问题的影响,导致企业创新投入的积极性低于应有的创新投入水平。

培育实体经济部门的自主创新能力关乎创新型国家的建立,也是现代化经济体系建成的重要因素。然而,仅依靠企业自身的创新活动,在竞争日益激烈的市场环境中已不能满足企业提升核心竞争力和长远发展的需求,这是因为创新离不开创新人员的长期知识积累,更需要投入大量的资源。由于信息不对称性及创新本身所具有的长期性,以及环境带来的不确定性,企业在创新时面临外部融资约束的困境。同时,由于市场融资机制不健全等因素将极大降低企业研发投入的信心,从而严重影响企业的创新效率,降低其创新水平,阻碍企业的成长。选择产学研协同创新可以提高企业的创新能力,加上政府对产学研协同创新的资助可以缓解融资约束对企业创新的负面影响。事实上,发达国家一直实施对创新活动的资助政策,政府的扶持与资助政策始终是保持发达国家创新活力的重要保障。发展中国家应借鉴发达国家的政府资助及扶持政策,帮助企业迅速摆脱在创新方面的落后状态。

在市场需求的驱动下,我国产学研协同创新的市场导向机制已基本形成,但由于信息不对称性、环境不确定性、投资风险等因素的影响,市场导向机制还没有达到帕累托有效状态。此时,需要政府积极参与产学研协同创新系统,既要发挥创新行为主体促进整个社会主义市场经济发展的关键作用(释放经济活力),也要维护产学研协同创新活动安全有序,弥补创新市场的不足。由此可见,政府政策导向是促进产学研协同创新的重要因素,特别是对处于国家战略调整中的化工制造、通用设备制造和专业设备制造等政策敏感的创新活动具有很强的驱动力。在这种情况下,需要加强创新政策的实施力度,给产学研协同创新发展提供更明确的指导和更有力的支撑。政府的"有形之手"能够从现实宏观环境出发,通过制定激励政策与营造创新环境,协调与促进产学研协同创新。政府普遍采用创新资助、创新激励来鼓励产学研协同创新活动。政府主要通过实物资助、现金资助、税率优惠(税收返还)和财政贴息等财政政策进行资助,实现国家的调控目标,促进和引导产业发展。总而言之,政府对产学研协同活动的资助,既有利于引导产学研协同创新,提高创新效率,也是我国产业结构优化升级的需要。

5.2.1 政府资助与产学研协同创新

国家创新体系是由政府和社会各部门组成的创新网络。国家自然科学基金委员会作为国家创新体系的重要组成部分,与国家创新体系中的其他主体密切合作,积极发挥导向作用。政府的创新资助政策往往在地方政府层面更容易开展和实施,其资助的对象主要是那些缺乏足够的资金或科研人员进行创新活动的企业和学研机构。在实际实施创新资助的过程中,政府通常根据申请的研发内容、技术能力和潜在市场空间提供资助,并决定发放的资助金额。创新资助是创新主体面临融资约束、外部环境不确定性时的重要保障,是政府以"有形之手"干预和帮助创新主体应对困难、渡过难关时普遍采用的重要手段。政府在为创新主体带来创新资金的同时,也是对获得创新资助的产学研活动的一种认证,能够不断吸引外部私人投资扩大产学研协同创新的资金规模。此外,政府的财政资助不仅是一种政策引导,更是发出一种方向性信号,能够有效地促进产学研协同创新的发展,提高各个创新主体的积极性,降低创新主体的融资难度,减少内外部融资约束,便于社会资源聚集,有利于开展产学研协同创新活动。各国政府广泛采用创新资助政策,不仅是为了有效化解创新市场有效供给不足的"市场失灵"问题以彰显自身是"有为政府",更是为了积极参与产学研同创新系统。政府资助能够极大缓解创新主体的资金问题,减少其资金压力,降低投入成本和产学研协同创新的投资风险,增强产学研协同创新各创新主体对创新活动的积极性与自信心,实现产学研协同创新转型升级的目标。

根据相关研究[1],不同于财政贴息和税收优惠等政策,政府资助能够有效提高以企业为载体的协同创新参与者的积极性,对产学研协同创新的鼓励与嘉奖能够刺激合作各方创新投入的激情,提高效率。也就是说,相较于其他政府鼓励政策,政府资助对于产学研协同创新活动产生的效果更加明显,尤其是对战略性新兴产业、高新技术产业和医药制造业来说,其促进作用更为

---

[1] 戴浩,柳剑平.政府补助对科技中小型企业成长的影响机理——技术创新投入的中介作用与市场环境的调节作用[J].科技进步与对策,2018,35(23):137-145.

显著。简言之,在产学研协同创新活动中,国家的研发资助对各主体参与产学研协同创新能够产生显著的提升作用。当前,我国的技术创新基础还比较薄弱,需要其他国家的技术支持,企业关键技术业务受到发达国家的限制,面临被"卡脖子"的困境。但是,从创新的外部性理论来看,由于创新者无法独占创新收益,即创新往往具有正外部性,因而企业创新投资的自发性尚显不足。在这种情境下,政府的创新资助就成为缓解上述困境、激励企业参与产学研协同创新动力的良药。

随着中美贸易摩擦的加剧,美国在智能智造、信息通信、航天航空等行业对我国进行技术封锁,在科技强国的技术威胁压力下,我国企业开始深刻认识到掌握核心技术是提高竞争力、提升企业价值、实现企业可持续发展的关键。尤其是突破性技术创新能够大力推动经济发展,是社会进步的核心要素。技术创新能够促进企业生产,通过对工艺水平、产品质量、服务等的提升和改善,对人民生活产生重大影响。综上可知,突破性技术创新可以使我国的技术更有自主性,从而减弱对发达国家的技术依赖。

近年来,随着政府对产学研协同创新的重视,各地方政府纷纷出台了鼓励产学研协同创新的政策,积极鼓励企业和学研机构的创新行为。企业是创新的重要载体,能够高效地吸收海内外人才,利用资本与技术的国际流动性,发挥全球资源整合优势,快速有效地调整产业结构。然而,创新投入是一项高风险的活动,企业也需要在创新投入中开展产学研协同,并且需要政府资助的引导与支持。

5.2.2 基于演化博弈模型分析

在理性人假设下,作为政策制定者的政府以及企业和学研机构三方都是理性人,但由于信息的不对称性,政府、企业与学研机构之间的理性不是真正意义上的理性,仅为有限理性[①]。在"政企学"之间进行协同创新活动的过程

---

① 有限理性是指三方在制定决策的过程中,是否仍坚持以自身利益最大化作为决策的重点还不确定。

中,政府不仅能提供创新资助,而且能对创新成果进行保护。但政府的创新资助是有条件的,政府会根据实际情况进行调控,比如对高污染、高能耗项目将会减少甚至停止资助,而加大对资源集约型、环境优化型项目的资助,推动协同创新朝着绿色可持续的方向发展,并形成良好的内部协调运行机制。政府参与产学研协同创新系统的激励行为,能够作为中介整合各个创新主体的优势资源,通过促进企业与高校或学研机构协同创新合作,提高企业的创新资源,弥补其条件不足,为企业创新活动营造稳定的外部环境,提高创新效率。

政府作为实施监督和提供激励的一方,在参与产学研协同创新时,可以获取企业创新带来的规模增长所产生的更多的税收收益。在协同创新初建时期,合同是参与各方的保障,可以确定各方的权利义务,同时以保障金的形式进行约束。在产学研协同创新进程中,政府会定期进行绩效考核,作为后续资助的依据。政府在参与协同创新的过程中能够为产学研协同活动降低成本和提高收益,如为企业提供良好的外部环境,对产学研协同创新活动进行人才和技术的投入、增加财政支出以及不断提高资源利用率。企业通过引入科研人才,可以获取高新技术,提高创新绩效。学研机构在参与协同创新的过程中存在创新支出的收益问题。因此,为了更好地分析三者之间的关系,本书选取了演化博弈模型。在讨论新时代产学研协同创新的博弈问题时,由于外部环境的不确定性、企业内部理念的差异性及政府政策的动态性,很难确保博弈中的参与主体完全理性及满足完全信息条件,因此,本书讨论的策略三方所处条件适用于演化博弈。

1. 基本假设

由于信息的不完备性,政府、企业和学研机构都不能预先确定最后的收益。因此,政府可能通过政府资助,调节支持力度,提高对产学研协同创新活动的支持,也可能由于成本、风险等因素而不提供政府资助;企业为了提高产品质量和竞争力,可能采取产学研协同创新策略,也可能由于创新投入的成本较高、收益不确定等因素而选择不采取产学研协同创新策略;学研机构为了输出人才和提高创新水平可能选择参与协同创新,也可能鉴于知识产权和创新成本而选择不参与协同创新。因此,我们对不同策略下政府、企业与学研机构的收益和成本做如下假设。

假设1:各参与者是不完全理性人,只能通过多次博弈的过程来试图寻找最优策略。设定本博弈中政府、企业和学研机构三方均遵循有限理性的特征。

假设2:技术创新系统中的企业有两种选择策略:一是参与协同创新(E_1);二是维持现状,不参与协同创新(E_2)。选择参与协同创新策略的企业通过创新活动取得核心竞争力,以解决企业技术"空心化"的问题。采取维持现状策略的企业仅注重短期利益,不愿扩大企业的创新活动。政府有两种行为决策:一是实施创新资助优化(G_1);二是不实施创新资助优化(G_2)。学研机构也有两种选择决策:一是参与协同创新活动(M_1);二是不参与协同创新活动(M_2)。博弈三方进行博弈的过程遵循不完全信息的特征。

假设3:当企业选择不参与协同创新策略决策时,企业得到的一般收益为R_1。当政府实施创新资助优化、学研机构选择不参与协同创新时,企业的创新收益为R_2。当政府不实施创新资助优化、学研机构选择不参与协同创新时,企业创新收益的增加为R_{21},且$R_2 > R_{21}$。当企业选择参与协同创新策略决策时,所需要支出的研发成本为C_E,企业在实施创新决策过程中获得自主创新收益ηR_1,其中$\eta(\eta > 0)$为自主创新的增长系数。当政府实施创新资助优化、学研机构选择参与协同创新时,因进行创新活动使企业创新产品更具竞争力,企业的市场份额不断增加,企业额外创新收益的增加为R_{11}。当政府不实施创新资助优化、学研机构选择参与协同创新时,企业额外创新收益的增加为R_{12},且$R_{11} > R_{12}$。当政府不实施创新资助优化、学研机构选择不参与协同创新时,企业的额外创新收益为0。

假设4:对于学研机构来说,学研机构不参与协同创新活动得到的净收益为R_M,参与协同创新活动得到的净收益为R_{M1}。当政府实施创新资助优化时,政府通过优化创新环境,使学研机构收益提高ΔR。此外,由于技术创新具有一定的正外部性,技术会通过产业链或其他渠道扩散至学研机构,因此学研机构有可能获得相应的收益ΔR_1。

假设5:当政府实施创新资助优化时,会产生耗费的人力、物力等成本

C_g,而企业参与协同创新活动会提高政府的公信力 H。同时,由于政府资助的作用,参与协同创新策略的企业会获得溢出效益 J。当政府不实施创新资助优化时,技术创新企业会给予差评(企业会拒绝政府的号召,减少参与公共服务的积极性),给政府带来信誉损失 L。

假设 6:企业、学研机构选择参与协同创新策略时,在技术交互和企业协同作用的双重影响下会进一步提高创新知识的利用效益并加速其转化,推动技术进步,使整个系统形成良好的社会效应,本书称之为技术创新奖励 T。

假设 7:当存在侵犯知识产权行为时,会导致创新企业利益受损 R_{h_1},不创新企业利益受损 R_{h_2},且 $R_{h_2} < R_{h_1}$。

2. 博弈支付矩阵

在不同决策下,政府、企业和学研机构的相关成本因素如下:①当政府实施创新资助优化时,会产生耗费的人力、物力等成本 C_g。当政府不实施创新资助优化时,企业会通过给予差评导致政府名誉损失 L。②当企业选择参与协同创新策略时,会产生相应的科研投入成本 C_E。③由于缺乏知识产权保护制度,将导致企业收益受损 R_h。

在不同决策下,政府、企业和学研机构的相关收益因素如下:①企业选择不参与产学研协同创新策略时,企业得到的一般收益为 R_1。当政府实施创新资助优化、学研机构选择参与产学研活动时,企业的额外收益为 R_2。在政府不实施创新资助优化、学研机构选择参与协同创新活动时,企业额外收益的增加为 R_{21},且 $R_2 > R_{21}$;企业选择产学研协同创新策略时,在产学研协同创新中能够获得自主创新收益 ηR_1,其中 $\eta (\eta > 0)$ 为自主创新的增长系数。在政府实施创新资助优化、学研机构选择参与协同创新活动时,学研机构通过参与产学研活动使企业市场份额增加,企业额外收益的增加为 R_{11};在政府不实施创新资助优化、学研机构选择参与协同创新活动时,企业额外收益的增加为 R_{12},且 $R_{11} > R_{12}$。②学研机构选择不参与协同创新活动得到的净收益为 R_M,选择参与协同创新活动得到的净收益为 R_{M1}。同时,当政府实施创新资助优化时,会通过创新环境优化使学研机构收益提高 ΔR。此外,由于技术创新具有一定的正外部性,会通过产业链或其他渠道扩散至学研机构,因而学研机构有可能获得相应的收益 ΔR_1。③当政府实施创新资助优化时,企业选择协同创新策略时会提高政府的公信力 H,选择协同创新策略的企业会获得创新资助的额外收益 J。此外,当企业选择协同创新策略、学研机构也选择参与协同创新活动时,能够产生良好的社会效益,可以获得技术创新奖励 T。

由上述分析,政府、企业与学研机构选择不同策略组合时的策略矩阵如表 5-1 所示。

表 5-1 政府、企业与学研机构创新系统收益矩阵

企业			政　府	
			实施(G_1)	不实施(G_2)
学研机构	选择(M_1)	创新(E_1)	$\prod_E^{E_1M_1G_1}, \prod_M^{E_1M_1G_1}, \prod_g^{E_1M_1G_1}$	$\prod_E^{E_1M_1G_2}, \prod_M^{E_1M_1G_2}, \prod_g^{E_1M_1G_2}$
		不创新(E_2)	$\prod_E^{E_2M_1G_1}, \prod_M^{E_2M_1G_1}, \prod_g^{E_2M_1G_1}$	$\prod_E^{E_2M_1G_2}, \prod_M^{E_2M_1G_2}, \prod_g^{E_2M_1G_2}$
	不选择(M_2)	创新(E_1)	$\prod_E^{E_1M_2G_1}, \prod_M^{E_1M_2G_1}, \prod_g^{E_1M_2G_1}$	$\prod_E^{E_1M_2G_2}, \prod_M^{E_1M_2G_2}, \prod_g^{E_1M_2G_2}$
		不创新(E_2)	$\prod_E^{E_2M_2G_1}, \prod_M^{E_2M_2G_1}, \prod_g^{E_2M_2G_1}$	$\prod_E^{E_2M_2G_2}, \prod_M^{E_2M_2G_2}, \prod_g^{E_2M_2G_2}$

数据来源:作者整理

如表 5-1 所示,当政府实施创新资助优化、企业和学研机构选择参与协同创新活动时,其收益可分别表示为

$$\prod\nolimits_E^{E_1M_1G_1} = \eta R_1 + R_{11} + J - C_E - R_{h1};$$

$$\prod\nolimits_M^{E_1M_1G_1} = R_{M1} + \Delta R + \Delta R_1; \quad \prod\nolimits_g^{E_1M_1G_1} = H + T - C_g$$

如表 5-1 所示,当政府实施创新资助优化、企业选择不参与协同创新活动、学研机构选择参与协同创新活动时,其收益可分别表示为

$$\prod\nolimits_E^{E_2M_1G_1} = R_1 + R_2 - R_{h2};$$

$$\prod\nolimits_M^{E_2M_1G_1} = R_M + \Delta R; \quad \prod\nolimits_g^{E_2M_1G_1} = -C_g$$

如表 5-1 所示,当政府实施创新资助优化、企业选择参与协同创新活动、

学研机构选择不参与协同创新活动时,其收益可分别表示为

$$\prod\nolimits_E^{E_1 M_2 G_1} = \eta R_1 + J - C_E - R_{h1};$$

$$\prod\nolimits_M^{E_1 M_2 G_1} = \Delta R + \Delta R_1; \quad \prod\nolimits_g^{E_1 M_2 G_1} = H - C_g$$

如表 5-1 所示,当政府实施创新资助优化、企业和学研机构选择不参与协同创新活动时,其收益可分别表示为

$$\prod\nolimits_E^{E_2 M_2 G_1} = R_1 - R_{h2}; \quad \prod\nolimits_M^{E_2 M_2 G_1} = \Delta R; \quad \prod\nolimits_g^{E_2 M_2 G_1} = -C_g$$

如表 5-1 所示,当政府不实施创新资助优化、企业和学研机构选择不参与协同创新活动时,其收益可分别表示为

$$\prod\nolimits_E^{E_1 M_1 G_2} = \eta R_1 + R_{12} - C_E - R_{h1};$$

$$\prod\nolimits_M^{E_1 M_1 G_2} = R_{M1} + \Delta R_1; \quad \prod\nolimits_g^{E_1 M_1 G_2} = T - L$$

如表 5-1 所示,当政府不实施创新资助优化、企业选择不参与协同创新活动、学研机构选择参与协同创新活动时,其收益可分别表示为

$$\prod\nolimits_E^{E_2 M_1 G_2} = R_1 + R_{21} - R_{h2};$$

$$\prod\nolimits_M^{E_2 M_1 G_2} = R_M; \prod\nolimits_g^{E_2 M_1 G_2} = 0$$

如表 5-1 所示,当政府不实施创新资助优化、企业选择参与协同创新活动、学研机构选择不参与协同创新活动时,其收益可分别表示为

$$\prod\nolimits_E^{E_1 M_2 G_2} = \eta R_1 - C_E - R; \quad \prod\nolimits_M^{E_1 M_2 G_2} = \Delta R_1; \quad \prod\nolimits_g^{E_1 M_2 G_2} = -L$$

如表 5-1 所示,当政府不实施创新资助优化、企业和学研机构选择不参与协同创新活动时,其收益可分别表示为

$$\prod\nolimits_E^{E_2 M_2 G_2} = R_1 - R_{h2}; \quad \prod\nolimits_M^{E_2 M_2 G_2} = 0; \quad \prod\nolimits_g^{E_2 M_2 G_2} = 0$$

3. 博弈模型的建立

政府、企业、学研机构三方主体之间相互作用,不断调整自身的决策以获取最大期望收益。以下给出建立三方演化博弈复制动态方程的过程,并进一步求解演化稳定策略的形成条件与过程。具体过程如下:

基于有限理性假设,假设政府实施创新资助优化的概率为 x,企业参与协同创新活动的概率为 y,学研机构参与协同创新活动的概率为 z,并且 $x,y,z \in [0,1]$,其中 x,y,z 为时间 t 的函数。

由上述博弈支付矩阵,政府实施或不实施创新资助优化情况下的期望收益分别用 E_{g1} 和 E_{g2} 表示,政府的平均期望收益为 $\bar{E}_g$:

$$E_{g1} = yz(H+T-C_g) + (1-y)(1-z)(-C_g) +$$
$$y(1-z)(H-C_g) + (1-y)z(-C_g)$$
$$= yzT + yH - C_g$$

$$E_{g2} = yz(T-L) + (1-y)(1-z) \cdot 0 + y(1-z)(-L) + (1-y)z \cdot 0$$
$$= yzT - yL$$

$$\bar{E}_g = xE_{g1} + (1-x)E_{g2} = xyH - xC_g + yzT - yL + xyL$$

则政府选择实施创新资助优化的复制动态方程为

$$F(x) = dx/dt = x(E_{g1} - \bar{E}_g) = x(1-x)(yH - C_g + yL) \quad (6\text{-}1)$$

企业选择参与和不参与协同创新策略情况下的期望收益分别用 E_{11} 和 E_{12} 表示,企业的平均期望收益为 $\bar{E}_1$。

$$E_{11} = xz(\eta R_1 + R_{11} + J - C_E - R_{h1}) + x(1-z)(\eta R_1 + J - C_E - R_{h1}) +$$
$$(1-x)z(\eta R_1 + R_{12} - C_E - R_{h1}) + (1-x)(1-z)(\eta R_1 - C_E - R_{h1})$$
$$= xzR_{11} + xJ + zR_{12} + \eta R_1 - xzR_{12} - C_E - R_{h1}$$

$$E_{12} = xz(R_1 + R_2 - R_{h2}) + x(1-z)(R_1 - R_{h2}) +$$
$$(1-x)z(R_1 + R_{21} - R_{h2}) + (1-x)(1-z)(R_1 - R_{h2})$$
$$= xzR_2 + zR_{21} - xzR_{21} + R_1 - R_{h2}$$

$$\bar{E}_1 = yE_{11} + (1-y)E_{12}$$

则企业参与协同创新策略的复制动态方程为

$$F(y) = dy/dt = y(E_{11} - \bar{E}_1)$$
$$= y(1-y)[xz(R_{11} - R_{12} - R_2 + R_{21}) +$$
$$z(R_{12} - R_{21}) + xJ + \eta R_1 - R_1 - C_E - R_{h1} + R_{h2}]$$

$$(6\text{-}2)$$

学研机构选择参与和不参与协同创新策略情况下的期望收益分别用 E_{21} 和 E_{22} 表示,其平均期望收益为 $\bar{E}_2$。

$$E_{21} = xy(R_{M1} + \Delta R + \Delta R_1) + x(1-y)(R_M + \Delta R) + (1-x)y(R_{M1} + \Delta R_1) + (1-x)(1-y)R_M$$
$$= x\Delta R + yR_{M1} + y\Delta R_1 + R_M - yR_M$$

$$E_{22} = xy(\Delta R + \Delta R_1) + x(1-y)\Delta R + (1-x)y\Delta R_1 + (1-x)(1-y) \cdot 0$$
$$= x\Delta R + y\Delta R_1$$

$$\bar{E}_2 = zE_{21} + (1-z)E_{22}$$

则企业参与协同创新策略的复制动态方程为

$$F(z) = dz/dt = z(E_{21} - \bar{E}_2) = z(1-z)(yR_{M1} + R_M - yR_M) \quad (6-3)$$

4. 最优稳定策略

温斯坦(Weinstein,1986)研究表明,通过微分方程,可以表示群体动力系统,了解其均衡点稳定性的变化过程。对雅各比(Jacobian)矩阵局部稳定性进行分析而得到最优稳定策略,构建雅各比矩阵如下:

$$\begin{bmatrix} (1-2x)(yH - C_g + yL) & x(1-x)(H+L) & 0 \\ y(1-y)[J + z(R_{11} - R_{12} - R_2 + R_{21})] & (1-2y)[xz(R_{11} - R_{12} - R_2 + R_{21}) + z(R_{12} - R_{21}) + xJ + \eta R_1 - R_1 - C_E - R_{h1} + R_{h2}] & y(1-y)[x(R_{11} - R_{12} - R_2 + R_{21}) + R_{12} - R_{21}] \\ 0 & z(1-z)(R_{M1} - R_M) & (1-2z)(yR_{M1} + R_M - yR_M) \end{bmatrix}$$

通过泽尔腾(Selten,1980)、里兹伯格和威布尔(Ritzberger & Weibull,1996)、肖忠东(2020)等的研究结果可知:在非求对称博弈中混合策略时,可以根据微分方程的稳定性原理,令 $F(x)=0, F(y)=0, F(z)=0$,最终得到可能存在的复制动态系统均衡点(0,0,0)、(0,0,1)、(0,1,0)、(0,1,1)、(1,0,0)、(1,1,0)、(1,0,1)、(1,1,1)。因此,参照前人的研究结果,我们对上面8个纯策略均衡点进行重点研究。为了判别均衡点渐近稳定性,用间接法进行判定,先求系统平衡点及特征值,结果如表5-2所示。

表 5-2 系统平衡点的特征值

平衡点	特 征 值	正负性	稳定性	渐进稳定条件
(0,0,0)	$\lambda_1 = -C_g$	—	不稳定（鞍点）	/
	$\lambda_2 = \eta R_1 - R_1 - C_E - R_{h1} + R_{h2}$	不确定		
	$\lambda_3 = R_M$	+		
(0,0,1)	$\lambda_1 = -C_g$	—	不确定	$R_{12} + \eta R_1 + R_{h1} <$ $R_{21} + R_1 + C_E + R_{h2}$
	$\lambda_2 = R_{12} - R_{21} + \eta R_1 - R_1 - C_E - R_{h1} + R_{h2}$	不确定		
	$\lambda_3 = -R_M$	—		
(0,1,0)	$\lambda_1 = H - C_g + L$	不确定	不稳定	/
	$\lambda_2 = C_E + R_1 - \eta R_1 - R_{h1} - R_{h2}$	不确定		
	$\lambda_3 = R_{M1}$	+		
(0,1,1)	$\lambda_1 = H - C_g + L$	不确定	不确定	$C_g > H + L$ $R_{12} + \eta R_1 + R_{h2} >$ $R_{21} + R_1 + C_E + R_{h1}$
	$\lambda_2 = R_1 - \eta R_1 - R_{12} + R_{21} + C_E + R_{h1} - R_{h2}$	不确定		
	$\lambda_3 = -R_{M1}$	—		
(1,0,0)	$\lambda_1 = -C_g$	—	不稳定（鞍点）	/
	$\lambda_2 = J + \eta R_1 - R_1 - C_E - R_{h1} + R_{h2}$	不确定		
	$\lambda_3 = R_M$	+		
(1,1,0)	$\lambda_1 = C_g - H - L$	不确定	不稳定	/
	$\lambda_2 = C_E - J - \eta R_1 + R_1 + R_{h1} - R_{h2}$	不确定		
	$\lambda_3 = R_{M1}$	+		
(1,0,1)	$\lambda_1 = C_g$	+	不稳定	/
	$\lambda_2 = R_{11} - R_2 + J + \eta R_1 - R_1 - C_E - R_{h1} + R_{h2}$	不确定		
	$\lambda_3 = -R_M$	—		
(1,1,1)	$\lambda_1 = C_g - H - L$	不确定	不确定	$C_g < H + L$ $R_{11} + J + \eta R_1 + R_{h2}$ $> R_2 + R_1 + C_E + R_{h1}$
	$\lambda_2 = C_E + R_2 + R_1 - \eta R_1 - R_{11} - J - R_{h1} - R_{h2}$	不确定		
	$\lambda_3 = -R_{M1}$	—		

数据来源：作者整理

5. 均衡点分析

如表 5-2 所示,除(0,0,1)、(0,1,1)、(1,1,1)外,剩下的点均无法满足间接法对特征值的要求,不能形成演化稳定。而对于(0,0,1)、(0,1,1)、(1,1,1)而言,由于外部初始条件不同,其演化稳定存在十分显著的不同之处。

情形 1:在不改变外部初始条件的情况下,当其部分特征值的正负性无法确定时,仍然无法判断其三方演化博弈的稳定性。

情形 2:若外部初始条件发生变化,可得以下稳定演化策略:

(1) 若 $R_{12}+\eta R_1+R_{h1} < R_{21}+R_1+C_E+R_{h2}$,则均衡点(0,0,1),即政府不实施创新资助优化、企业不参与协同创新活动、学研机构参与协同创新活动是演化稳定策略。这种均衡策略说明,在政府不实施创新资助优化的情况下,当学研机构选择参与协同创新的额外效益、自动创新收益和新时代创新企业的利益损失之和小于学研机构、企业不参与协同创新活动的一般收益、创新成本以及新时代非创新企业的利益损失之和时,企业没有动力参与协同创新活动。这说明在环境不确定性背景下,当创新成本太高,以至于创新收益无法抵消侵犯知识产权的损失时,企业没有足够的动力参与创新活动。

(2) 若 $C_g > H+L$,$R_{12}+\eta R_1+R_{h2} > R_{21}+R_1+C_E+R_{h1}$,则均衡点(0,1,1),即政府不实施创新资助优化、企业和学研机构参与协同创新活动是演化稳定策略。这种均衡策略说明,当政府实施创新资助的成本大于政府参与协同创新提高公信力和政府不参与协同创新的信誉损害之和,且政府不实施创新资助优化时,学研机构参与协同创新活动的额外收益、自动创新收益以及新时代非创新企业的利益损失之和大于学研机构不参与协同创新活动的额外收益、企业一般收益、研发成本及知识产权制度缺陷下创新企业的利益损失之和时,政府没有动力实施政府资助优化,但企业有动力参与协同创新活动。这说明在知识产权制度不健全的背景下,当产学研协同创新收益足够高时,即使政府不实施创新资助优化,企业也有足够的动力开展产学研协同创新活动。

(3) 若 $C_g < H + L, R_{11} + J + \eta R_1 + R_{h2} > R_2 + R_1 + C_E + R_{h1}$,则均衡点 $(1,1,1)$,即政府实施创新资助优化、企业和学研机构参与协同创新活动是演化稳定策略。这种均衡策略说明,当政府实施创新资助优化的成本小于政府参与协同创新提高的公信力和政府不参与协同创新的信誉损害之和,且政府实施创新资助优化时,学研机构参与协同创新活动的额外收益、创新资助优化带来的利润效应、自动创新收益以及环境不确定下非创新企业的利益损失之和大于学研机构选择不参与协同创新活动的额外收益、企业一般收益、研发成本以及环境不确定下创新企业的利益损失之和时,政府有足够的动力实施创新资助优化政策,而企业也有足够的动力参与协同创新活动。这说明在知识产权制度不健全的背景下,当政府实施创新资助优化政策时,其产生的资助利润效应能够激励企业和学研机构开展产学研协同创新活动,为政府决定如何参与产学研协同创新系统提供了理论支撑。

在情形 2 下,模型的相位图如图 5-2、图 5-3 和图 5-4 所示。

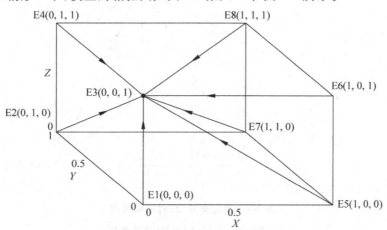

图 5-2　满足条件(1)时的相位图

数据来源:由 Matlab2018b 运算而得

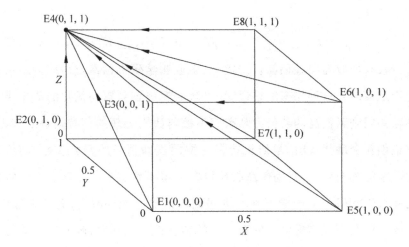

图 5-3 满足条件(2)时的相位图

数据来源：由 Matlab2018b 运算而得

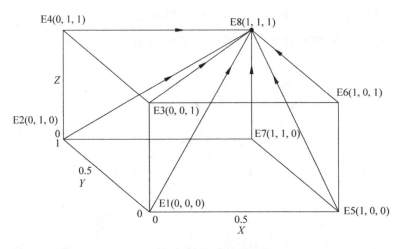

图 5-4 满足条件(3)时的相位图

数据来源：由 Matlab2018b 运算而得

5.2.3 仿真分析

由于政府的不同行为策略之间存在差异性，因此可以通过改变参数取值即通过仿真模拟的方法来分析政府、企业与学研机构之间的复制动态系统如何趋于演化稳定。

由于演化博弈的复制动态方程是常微分方程，因此我们采用 Matlab2018b 中求微分方程数值解的 OED45 函数进行仿真分析。

根据变量限制条件，我们选取了三组符合条件的数据，使用 Matlab 对政府参与下的企业自主创新体系演化稳定策略进行仿真分析，依据产学研协同创新活动获利大小对仿真结果进行分类。

1. $R_{12} + \eta R_1 + R_{h1} < R_{21} + R_1 + C_E + R_{h2}$

假设企业不参与协同创新时，一般收益为 $R_1=4$。在政府不实施创新资助优化时，学研机构选择不参与协同创新活动的额外收益为 $R_{21}=2$。在政府实施创新资助优化时，学研机构选择不参与协同创新活动的额外收益为 $R_2=6$。政府实施创新资助优化的溢出效应为 $J=1$。企业参与协同创新时，研发成本为 $C_E=3$，自动创新收益系数为 $\eta=0.5$。在政府实施创新资助优化时，学研机构参与产学研协同创新活动的额外收益为 $R_{11}=6$。在政府不实施创新资助优化时，学研机构参与协同创新活动的额外收益为 $R_{12}=3$。学研机构选择参与协同创新活动的收益为 $R_{M1}=5$，学研机构选择不参与协同创新活动的收益为 $R_M=2$。政府实施创新资助优化的成本为 $C_g=4$，政府公信力提高 $H=1$，政府不实施创新资助优化时信誉损失 $L=2$。

根据上述参数的假设和复制动态方程，此时稳定点 ESS 位于 (1,0,0)，如图 5-5 所示。

当外部约束条件仅满足 $R_{12} + \eta R_1 + R_{h1} < R_{21} + R_1 + C_E + R_{h2}$ 时，政

府、企业与学研机构体系无论初始选择进行创新或不创新的比例或概率有多大,博弈中三方决策行为都将逐渐收敛和聚集均衡点(0,0,1),在这一过程中博弈三方各自的选择决策行为最终能够在此点达到稳定状态。也就是说,政府、企业与学研机构创新体系博弈演化路径如图 5-6、图 5-7 和图 5-8 所示,此时技术创新企业因创新成本过高而选择不参与协同创新活动策略。

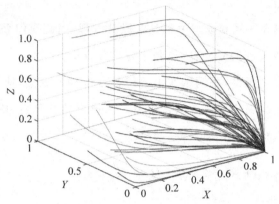

图 5-5　条件(1)时三方演化博弈稳定过程

数据来源:由 Matlab2018b 运算而得

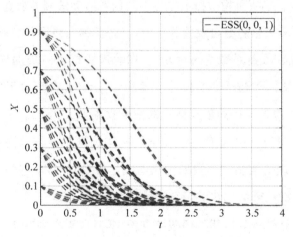

图 5-6　条件(1)时政府策略演化仿真

数据来源:由 Matlab2018b 运算而得

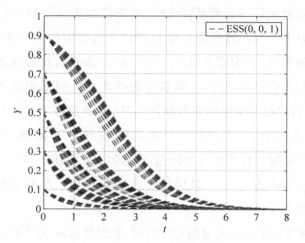

图 5-7 条件(1)时企业策略演化仿真

数据来源：由 Matlab2018b 运算而得

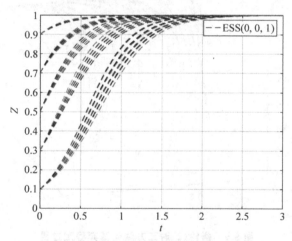

图 5-8 条件(1)时学研机构策略演化仿真

数据来源：由 Matlab2018b 运算而得

2. $C_g > H + L, R_{12} + \eta R_1 + R_{h2} > R_{21} + R_1 + C_E + R_{h1}$

假设初始数据企业不参与协同创新时，一般收益为 $R_1 = 2.5$。在政府不实施创新资助优化时，学研机构选择不参与协同创新活动的额外收益为

$R_{21}=2$。在政府实施创新资助优化时,学研机构选择不参与协同创新活动的额外收益为 $R_2=4$。政府实施创新资助优化的溢出效应为 $J=1$。企业参与协同创新活动时,研发成本为 $C_E=1$,自动创新收益系数为 $\eta=0.5$。当政府实施创新资助优化时,学研机构选择参与协同创新活动的额外收益为 $R_{11}=6$。当政府不实施创新资助优化时,学研机构选择参与协同创新活动的额外收益为 $R_{12}=5$。学研机构选择参与协同创新活动的收益为 $R_{M1}=5$,学研机构选择不参与协同创新活动的收益为 $R_M=2$。政府实施创新资助优化的成本为 $C_g=4$,政府公信力提高 $H=1$,政府不实施创新资助优化时信誉损失 $L=2$。

根据上述参数的假设和复制动态方程,此时稳定点 ESS 位于 $(0,1,1)$,如图 5-9 所示。

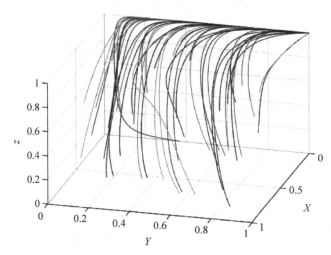

图 5-9 条件(2)时三方演化博弈稳定过程

数据来源:由 Matlab2018b 运算而得

当外部约束条件仅满足 $C_g>H+L$,$R_{12}+\eta R_1+R_{h2}>R_{21}+R_1+C_E+R_{h1}$ 时,三方决策行为都将逐渐向均衡点 $(0,1,1)$ 收敛和聚集。也就是说,政府与企业自主创新体系博弈演化路径如图 5-10、图 5-11 和图 5-12 所示,此时技术创新企业因创新收益高而选择参与协同创新活动策略,政府因参与成本过高而不选择实施创新资助优化。

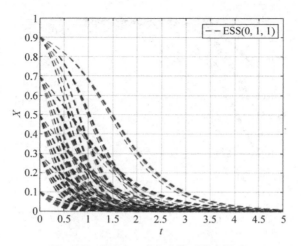

图 5-10　条件(2)时政府策略演化仿真

数据来源：由 Matlab2018b 运算而得

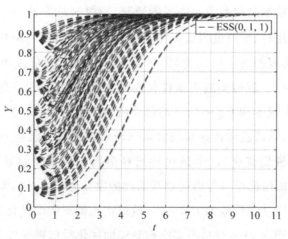

图 5-11　条件(2)时企业策略演化仿真

数据来源：由 Matlab2018b 运算而得

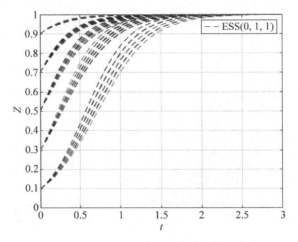

图 5-12　条件(2)时学研机构策略演化仿真

数据来源：由 Matlab2018b 运算而得

3. $C_g < H + L, R_{11} + J + \eta R_1 + R_{h2} > R_2 + R_1 + C_E + R_{h1}$

假设初始数据企业不参与协同创新时，一般收益为 $R_1 = 5$。当政府不实施创新资助优化时，学研机构选择不参与协同创新活动的额外收益为 $R_{21} = 1.3$。当政府实施创新资助优化时，学研机构选择不参与协同创新活动的额外收益为 $R_2 = 5$。政府实施资助优化的溢出效应为 $J = 3$。企业参与协同创新活动时，研发成本为 $C_E = 1$，自动创新收益系数为 $\eta = 0.5$。当政府实施创新资助优化时，学研机构选择参与协同创新活动的额外收益为 $R_{11} = 8$。当政府不实施创新资助优化时，学研机构选择参与协同创新活动的额外收益为 $R_{12} = 5$。学研机构选择参与协同创新活动的收益为 $R_{M1} = 5$，学研机构选择不参与协同创新活动的收益为 $R_M = 2$。政府实施创新资助优化的成本为 $C_g = 1$，政府公信力提高 $H = 2.3$，不实施创新资助优化时信誉损失 $L = 2.5$。

根据上述参数的假设和复制动态方程，此时稳定点 ESS 位于 (1,1,1)，如图 5-13 所示。此时的均衡点为政府、企业和学研机构积极参与协同创新活动提供了理论支撑。

当外部约束条件仅满足 $C_g < H + L, R_{11} + J + \eta R_1 + R_{h2} > R_2 + R_1 + C_E + R_{h1}$

时,三方的决策行为都将逐渐向均衡点(1,1,1)收敛和聚集。也就是说,政府与企业自主创新体系博弈演化路径如图 5-14、图 5-15 和图 5-16 所示,此时技术创新企业因创新收益较高而选择参与协同创新活动。此时的模拟仿真结果为政府在何种条件下应积极助推产学研协同创新活动提供了模拟参考依据。

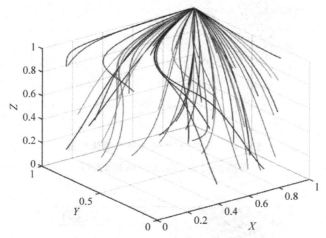

图 5-13　条件(3)时三方演化博弈稳定过程

数据来源:由 Matlab2018b 运算而得

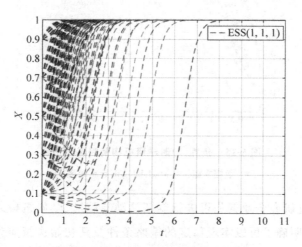

图 5-14　条件(3)时政府策略演化仿真

数据来源:由 Matlab2018b 运算而得

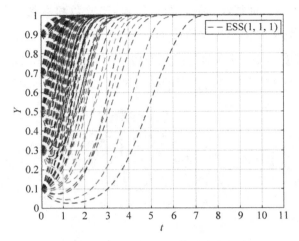

图 5-15 条件(3)时企业策略演化仿真

数据来源：由 Matlab2018b 运算而得

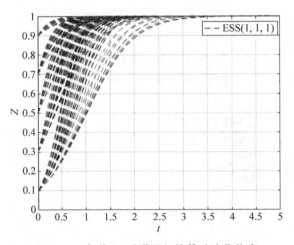

图 5-16 条件(3)时学研机构策略演化仿真

数据来源：由 Matlab2018b 运算而得

  本节通过研究企业就是否进行创新活动与政府、学研机构之间进行的演化博弈过程，明确了可以实现稳定的策略条件及其初始决策演化到稳定状态所需满足的条件。由此，分析上述实验背后的机理可以得出以下结论：环境不确定性背景下，在不改变初始条件的情况下，政府、企业、学研机构三者之间演化博弈的稳定性均无法确定。而在特定外部初始条件下,政府在不实施创新资助优化时可以达到的演化稳定策略有(0,0,1),(0,1,1);政府在实施创新资助优化时可以达到的演化稳定策略有(1,1,1)。由演化结果可知:①企业技术创新行为与学研机构参与行为、政府的支持与监管有很大的关联,学研机构参与协同创新的意愿越高、政府资助的力度越大,越能促进企业技术创新。此外,技术创新的成本越低,企业越趋向于技术创新。②政府资助行为主要受社会收益、外部公信力与资助成本影响。当资助的社会收益高于资助成本时,政府会选择实施创新资助优化策略。政府补贴是企业技术创新的推动器,对企业的技术创新资助、对学研机构创新活动的资助、政府的宣传投入对企业和学研机构协同创新活动有促进作用。③学研机构选择的创新收益受其额外收益大小的影响。若协同创新的收益高于不参与协同创新活动的收益,学研机构会参与协同创新活动。

我们还可以从动机和机会两个方面对以上推导和仿真进行进一步分析。从动机角度看,当政府不实施创新资助优化时,企业参与协同创新活动的动机来自技术创新的高额收益以及学研机构的需求偏好带来的额外收益,阻碍来自知识产权保护不健全造成的利益损失。如果学研机构参与协同创新活动的额外效益、自动创新收益和环境不确定下创新企业的利益损失之和小于学研机构不参与协同创新活动和企业不进行创新的一般收益、创新成本以及知识产权保护不健全下非创新企业的利益损失之和,则技术创新动机不足,企业策略演化稳定于不参与协同创新活动;如果自动技术创新收益和学研机构选择偏好的额外收益之和高于创新技术的投入成本和一般收益之和,则企业参与协同创新活动的动机大,企业演化稳定于参与协同创新活动。当政府实施创新资助优化时,若自动技术创新收益、知识产权保护不健全的溢出效应及学研机构选择偏好的额外收益三者之和高于创新技术的投入成本、一般收益及学研机构选择偏好的额外收益三者之和,则企业技术创新动机不足,企业策略演化稳定于不参与协同创新活动。对于动机的控制要基于对创新成本的把控,让企业能够积极主动地参与协同创新活动。此外,由演化结果可知,政府实施创新资助优化的动力来源与公信力和成本有关。

从机会角度分析,政府的创新资助可以抵消一部分企业技术创新外部环境不确定性带来的损失。由演化博弈模型可知,创新成本较高时,企业参与协同创新活动主要受知识产权制度不完善和学研机构参与协同创新偏好的影响。当利益损失过高甚至超过参与成本时,企业参与协同创新活动趋于稳定。但当监管成本提高到一定程度时,政府会撤销对创新的资助,此时监管机构由于无法获得技术创新外溢性收益也不能有效实施共治。从控制方法角度分析,企业参与协同创新活动时政府受到外部环境压力会积极参与创新资助活动,即出于对自身声誉的考虑,为了应对外界的监督,所采取的创新活动资助会趋于稳定。在这种情况下,随着研发成本提高到一定水平,监督政策对企业策略的稳定、对创新活动投入的影响都会降低。但技术创新持续外溢,企业会加大力度实行创新行为,监管机构也会随之提高对协同创新的参与积极性,而稳定于实施创新资助优化。通过对知识产权制度不完善背景下产学研协同创新行为的分析可知,如果只考虑知识产权得不到保护所带来的利润损失,政府激励创新活动的资助会提高产学研协同创新投入,为政府积极推动产学研协同创新活动提供理论支撑,即政府实施创新资助具有一定的政策意义,成为激发产学研协同创新的重要砝码。

5.3 新时代产学研协同创新的路径选择

产学研协同创新路径是指合作各方在合作开始后,根据自身特点、技术特点和环境特点,对合作方式进行选择时的一系列可选择路线的总和。① 产学研协同创新路径选择不仅关系合作各方的利益和所在区域的经济发展,而且关系国家创新体系目标的实现。我国产学研协同创新在经历了由低层次

---

① 王进富,张颖颖,苏世彬,刘江南.产学研协同创新机制研究——一个理论分析框架[J].科技进步与对策,2013,30(16):1-6.

向高层次、由点到线到面、由小规模到大规模发展的阶段之后，日趋成熟，已成为产业部门与科技、教育部门之间开展横向协作的重要平台。随着产学研协同内涵与外延的不断拓展和延伸，产学研协同创新在国家技术创新体系中的作用日益凸显，已成为国家技术创新体系中的重要路径。

在产学研协同的培育期，产学研协同创新路径主要以技术服务、技术转让、技术咨询、委托开发、短期协作技术攻关为主，以临时组合、突击研发或购买成果居多，普遍存在合作短期化倾向。由于创新成果产业化保障机制的缺失，这种短期协作型合作形式无法满足产业技术创新持续性的要求。因此，长期联合型产学研协同创新方式逐渐发展成为企业与高校、科研机构开展合作的主要形式。

经过近四十年的发展，产学研协同创新的范围不再是单一的技术开发，而是向人才培养、集成技术、成果产业化等方向发展。协同创新类型已从传统的技术转让、委托开发、项目合作等方式，逐步向共建长期利益联合体转变，并以此完善以知识产权和资本为纽带、各方共担风险的产学研协同创新机制。产学研协同创新路径已由高校为主逐步向科研院所、行业协会、国家基金、同行及产业链等层面横向延伸。协同创新区域已不再局限于区域内或国内，而是积极吸引国外优质创新机构或企业加盟，最大限度地整合国内外创新资源，实现协同创新的全球拓展。根据产学研协同创新的发展趋势和合作内容，我们可以将产学研协同创新路径划分为三种类型：人才培养型协同创新方式、研究开发型协同创新方式和生产经营型协同创新方式。①

5.3.1 人才培养型协同创新方式

人才培养型产学研协同创新是指以培养学生或产业工人优良素质、综合能力和竞争能力为重点，利用学校与企业、科研单位等多种教育环境和教育资源，充分发挥各自在人才培养方面的优势，将传统的学校课堂教育同以积

---

① 洪银兴，等.产学研协同创新研究[M].北京：人民出版社，2015：87-92.

累实际经验、培养实践能力为主的生产、科研紧密结合的新型协同创新方式。实践证明,人才培养型产学研协同创新不仅可以改革高校现有的教育模式、拓展教育体系、发挥产学研联合教育功能,而且是培养创新型人才、促进产学研协同各方整体创新能力提升、实现科技创新可持续发展的有效途径。

人才培养型产学研协同创新载体的具体形式是大学创新联盟。大学创新联盟是指以"经科教联动、产学研结合、校所企共赢"为指导原则,以政府为主导、产业为导向、企业为主体,以营造环境为重点,以技术和制度创新为保证,以转化科技成果、孵化高新技术企业、培育复合型创新人才为主要任务的区域创新体系。大学创新联盟是从科技园转化而来的,更突出"产学研结合",汇集高校和科研院所的力量,运用市场运作方式,引入风险投资机制,制定各类优惠政策,营造创新创业氛围,吸引国内外高新技术项目人才,最终成为高新技术企业的孵化基地、高新技术项目的开发基地、高新技术的创新基地、高科技信息的集散基地、高科技创业人才的储备和培育基地。

然而,人才培养型协同创新方式在实践中也存在以下问题:①人才培养缺乏稳定性与持续性,制约了协同创新能力的持续提升;②人才储备不足导致科技成果转化率过低,科技成果转化的经济效益不高;③企业与科研机构协同中投资与风险的不对称,导致转化成本大幅增加,将风险过多地转移给科研方,使其经济效益受损。因此,提升人才培养型产学研协同创新的关键在于深化产学研协同。首先,建立人才交流和培养的机制,共同确立用人需求,共同制定人才培养方案,共建培训基地,努力实现产学研联合人才培养的长效化发展。其次,加快学科群与产业群的对接。人才培养型产学研协同创新需要围绕重大项目,整合创新资源,推进学科的交叉融合,使科学研究在生产实践中实现集成,集中对接市场支柱行业的产业群,形成具有竞争优势的技术群,推动产业群的发展与提升。最后,加大政府在产学研协同人才培养领域的政策支持力度。地方政府应该制定产学研协同创新人才培养专项政策,引导科技创新园区内部相关企业加强与科研院所高端人才之间的合作,发挥校企双方资源优势,引领产业技术创新。

5.3.2 研究开发型产学研协同创新方式

研究开发型产学研协同创新方式是指产学研各方为了加强产业的科技研发能力而开展的多样化合作,是科技创新主体依靠自身和外部力量联合进行的一种科技创新活动。在研究开发型产学研协同创新的过程中,企业主要通过与科研院所、高校、行业基金会和政府等组织机构的联合研发形式,应对研发过程中的高额投入和不确定性,尽可能地规避风险、缩短产品的研发周期,从而节约交易成本,提高创新能力。研究开发型产学研协同创新的方式主要有以下几种。

(1) 契约式产学研协同创新。契约式协同是指企业与高校签订协同契约,共同进行研究和开发,但并不是成立新的法人实体,具体形式有委托研发协议、协同研发协议、研发联合体、研发联盟等。在契约式产学研协同创新方式下,企业通过合作掌握了特殊的技术、专利、生产等稀缺资源,重构了自身的资源和能力,通过创新成果获得较高的收益,并带动企业其他资源的收益递增;高校则由于提供了企业所需的资源而获得收益。协同的最终结果是资源的所有者获得经济租金,实现共赢。

(2) 联合承担科研课题。企业的研发机构与高校的研究机构就具体课题进行联合研究开发,充分利用各自的资源优势,实现优势互补。对高校来说,高校科研优势与企业的资金优势相互补充,一旦课题得到认可即可得到资金和设备条件的支持,从而是科技创新链条的延伸。对企业来说,这种形式可以根据企业的战略发展要求来核定要支持的项目,激活企业的研发能力,提升企业的科技竞争力,进而推动企业的可持续发展。

(3) 联合实验中心。各类型高校根据自身的办学特点,深入研究相关企业的特点和需求,努力找出双方的交集,联合建设市场导向型实验中心。联合实验中心可以实现高校与企业的优势互补。一方面,高校可以利用科研方面的优势,积极引入企业的资源加入高校专业实验室的建设中,从而扩大专业实验室建设的资金来源;另一方面,企业以联合实验中心为纽带,依托高校在教学、科研和人才方面的综合优势,通过培训提高职工的科学技术和文化素质,推动企业的技术创新。校企共建联合实验中心,不仅能有效地解决教学与生产脱节的问题,而且可以针对新技术开展持续开发工作,使企业在技术上保持行业内的竞争优势,并源源不断地开发新产品。

(4) 高校-企业合办研究院。高校-企业合办研究院是指企业在高校建立的研究所、实验室、相关学院及培训中心等研究与发展机构。企业通过与高校共建研发中心,把企业的研发项目转到高校中,安排企业技术人员与高校教师组成研发团队,共同研究新技术、开发新产品,充分利用高校的优质资源和技术支持,既可以提升企业品牌,又可以吸引更多的优秀科研人员参与企业的发展,为企业培养相关科学与技术后备人才。高校-企业合办研究院是实现产学研协同创新高层次目标的重要途径。通过遵循利益共享、风险共担的产学研协同利益分配机制的基本原则,合作各方都能获得较大的利益,能够将企业产学研协同的短期目标和长期目标有机结合起来,逐步实现培养人才以及提升技术、创新能力和竞争优势的长期目标。

研究开发型产学研协同创新方式在实际运作过程中也存在一些问题。一是研发过程中各方目标不一致。高校和科研机构通常追求学术成果和技术领先地位,对产品市场信息和企业的经济效益考虑较少。而企业关心的是商业回报和市场竞争优势的形成,更加重视技术研发产生的短期经济效益,缺乏长期的创新战略考量,对研究开发的长期性投入认识不足,容易从短期效益去评价一项技术的可行性。二是研发过程中信息的不确定性影响技术成果的成功率。产学研协同创新中的不确定性主要与创新项目选择的不确定性、研究开发过程的不确定性、市场需求的不确定性和商业景气循环中的不确定性等因素相关。这些不确定性所导致的技术研发过程中的风险增加了产学研协同创新的难度,也使产学研协同创新的结果难以预测。三是研发产生的外部性会导致"搭便车"现象。产学研协同创新的目的是获得技术或更高层次的新产品,而技术本身的公共物品属性决定了研发技术的产权所有者无法防范技术效果的外溢,更不能限制技术的外部经济性,从而对研究开发型产学研协同创新具有消极作用。四是产学研各方存在违约动机。技术创新和应用存在的不确定性、技术本身的专业性及技术合约当事人之间存在的信息不对称性，必然导致合约条款的不完备性。因此，当履约所能获得的预期收益不足以对合约当事人产生应有的激励，且履约存在固有不确定性时，合约当事人的某一方就有可能产生机会主义行为的动机，不愿完全履约或试图逃避违约责任。

为了推动研究开发型产学研协同创新方式中的各方采取合作型博弈，使研究开发型产学研协同创新取得成功，需要在消除双方之间的信息障碍的基础上，达成对双方都具有约束力的协议；需要加强协同创新过程中的信息沟通、理性安排和契约保障；需要把制度创新和技术创新结合起来，以制度创新推动技术创新，采取有效措施切实解决产学研协同创新中存在的问题。因此，为了推进研究开发型产学研协同创新的发展，必须发挥企业的主导作用，协调技术、市场和生产战略之间的关系，以市场为导向，使技术能成功地转化为生产力，并创造经济效益，避免无效的技术创新。此外，为保证产学研协同创新的稳定性，需要从企业、政府、产业三个层面进行制度安排和组织强化。建立规范化的研发协同进退机制，减少产学研各方的利益冲突，确保冲突对协同创新的负向冲击最小。

5.3.3　生产经营型产学研协同创新方式

生产经营型产学研协同创新方式是指产学研各方围绕科技含量高、附加值大的新产品（或技术专利）进行研发、生产和经营的一种协同创新方式。在协同创新过程中，除了要考虑企业自身现实的生产条件、适应能力等重要因素外，新产品研制开发的方案还要考虑市场选择、消费对象等因素，从而全方位挖掘新产品的开发价值和社会价值。由于产品创新是生产经营型产学研协同创新的重要组成部分，是产学研协同创新持续发展的引擎，所以要维持和巩固企业生存与发展的基础，就必须围绕科技含量高、附加值大的新产品进行研发、生产和经营。生产经营型产学研协同创新的方式主要有以下几种。

（1）专利权投资入股。专利权投资入股是专利直接体现为资本的一种形式,也是专利资本化的重要形式之一。对于产学研协同创新的研发机构来说,在研发过程中形成的技术(或产品)专利权作为一种重要的知识产权,可以成为投资入股的客体。专利入股是很多拥有技术但无资金的创新者实现专利转化、体现价值、获得回报、持续创新的捷径,也是商业合作谈判的重要筹码。以专利形式入股的产学研协同创新具有重要的社会经济价值:一是可以促进科技成果迅速转化为生产力。二是专利入股可以激发科研人员的创新动力。专利入股让只有技术而没有资金的创新者成为企业的合伙人,也由此让他们承担了企业的经营风险。三是通过专利入股方式,企业可以降低新技术引进成本,增强企业竞争力。通过这种方式,企业不仅可以得到新技术,还可以得到相关的创新人才,成为企业培养持续创新能力和竞争优势的原动力。

(2)博士后工作站。通过博士后进站工作的方式,与企业共同攻克技术难关,可以提高产品和产业的国际竞争力。企业博士后科研工作站被誉为企业技术创新基地、高校和科研院所科技成果转化的中介、高级科技和管理复合型人才成长的摇篮。产学研联合共同培养博士后,可以优势互补,缩短博士后科研课题与实际应用的差距,加速科研成果的产业化。博士后工作站的研究项目来源于企业的生产实践,是企业迫切需要研究的技术问题。项目研究成果可以直接投入中试和大批生产,从而使科研成果直接转化为生产力。

生产经营型产学研协同创新经常受到我国企业自身"造血"功能不强的影响,而且传统的模仿式创新形成了独特的企业生存方式,对产学研协同创新植根的土壤产生了不利影响。同时,较低的专利产业化水平导致企业缺乏有效的专利利用战略,企业在同一层面上的技术资源浪费也比较严重。很多拥有专利技术的产学研各方习惯"孤军奋战",对专利的利用缺乏有效的沟通。此外,产学研协同也没有建立相应的配套措施来保证专利技术的实施、转化,放弃专利的现象比较严重,企业也没有相应的技术储备。因此,推动生产经营型产学研协同创新必须以市场为导向选择高技术含量、高附加值、高市场份额的项目,为产学研协同奠定创新基础;以企业为主体,积极探索生产经营型产学研协同创新的有效方式;建立专利保险制度与专利资产证券化制度,推动专利的产业化发展,发挥专利资产融资杠杆的作用。

总之,产学研协同创新双方在确定知识产权归属后,根据各自的特点和互补性选择合适的合作创新路径,并基于利益分配博弈,解决合作双方的利益分配问题,为双方创新实施提供良好的耦合方式。高校和科研机构参与合作创新的主要目的是获得利益,而利益的基本表现形式为物质利益,主要为资金。企业参与合作创新的根本目的是获得竞争优势,而获得竞争优势的一个基本条件是有资金支持。竞争优势在市场条件下能够以一定的资金来体现。因此,产学研协同技术创新的竞争主要表现在对利益的竞争上,而利益竞争造成了产学研协同技术创新的路径不同。

5.4 本章小结

本章基于演化博弈模型分析知识产权不完善背景下政企学三方参与产学研协同创新的动机与路径。由演化结果可知:①自主创新增长系数的提高对企业的创新行为有促进作用,能够有效促使企业选择具有发展前景的自主创新策略。②创新成本是抑制产学研协同创新行为更为核心的制约因素,较低的创新成本更容易诱发产学研协同创新行为。③创新资助的促进效应有利于企业参与协同创新策略。④学研机构对参与协同创新的偏好会显著影响产学研协同创新决策。⑤政府实施创新资助优化对企业选择参与协同创新活动有一定的激励作用,效果显著。学研机构偏好对企业技术创新同样影响显著。因此,政府需要积极实施创新资助优化政策,减少知识产权制度不完善带来的利益损失,缓解企业的创新压力,进一步增强企业的创新动力。此外,本章还根据产学研协同创新各方自身特点、技术特点和环境特点,探讨了新时代产学研协同创新的三大路径:人才培养型产学研协同创新方式、研究开发型产学研协同创新方式和生产经营型产学研协同创新方式。

第 6 章 新时代产学研协同创新运行模式选择与案例分析

在产学研协同创新体系中,政府、企业、高校和科研机构通过履行各自的职能,达成战略合作,形成一个互补的整体。在这个整体中,各主体发挥自身优势和功能,通过有效的协调和沟通实现资源的有效整合与调配,在纵深合作中,各主体有机结合所形成的生态圈,就成为独具特色的运行机制与运行模式。

本章以同方威视作为产学研协同创新的典型案例,通过阐述其形成机制、知识转移模式和成果转化闭环模型,实证分析产学研协同创新运行机制与运行模式。

6.1 产学研协同创新的运行过程与内在运行机制

产学研协同创新是国家创新体系有效运作的重要环节,其运行过程与内在运行机制不仅可以为实现产学研之间更有效、合理、快速的有机结合和良性互动提供更为有利的创新平台,而且有利于充分实现产学研之间的资源共享和优势互补,促进技术转让或成果转化,以便提升产学研各方的整体竞争力。

6.1.1 产学研协同创新的运行过程[①]

王瑞鑫、李玲娟(2017)在以往学者的分析基础上,根据产学研协同创新的时间顺序将其过程分为准备阶段、运行阶段和延伸阶段,构建了一个产学研协同创新的理论框架,如图6-1所示。准备阶段是在对产学研协同创新理论基础(即动力机制)进行剖析的基础上,结合产学研各方需求、协同机会的识别以及协同主体和要素的选择进行的;运行阶段的分析侧重对产学研协同创新优势知识维度、组织结构维度和战略维度的多维度协同互动分析,以清晰描述产学研协同创新的核心部分;延伸阶段主要讨论产学研协同创新后期成果商业化时的政府政策以及金融、法律等中介机构对协同创新的支撑和辅助。

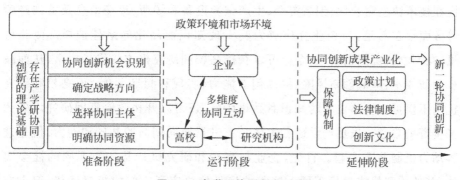

图6-1 产学研协同创新过程

6.1.1.1 准备阶段:协同创新的基础和动力

产学研创新的基础主要在于产学研各方能够并且愿意进行协同创新。首先,"能够"是指产学研各方在协同创新中都具有某些优势,而且这些优势可以协调互补,具有形成巨大经济效益的潜力。在协同创新系统中,高校和

---

① 王瑞鑫,李玲娟.产学研协同创新的理论框架研究[J].科学管理研究,2017,35(5):17-21.

研究机构所具备的优势主要是基础研究、专业人才、科研仪器设备、知识及技术信息、研究方法和经验；企业所具有的优势主要是技术的快速商业化、相对充足的创新资金、生产试验设备和场所、市场信息及营销经验。对于一个成功的创新过程而言，高校、研究机构和企业所具有的优势都必不可少。其次，"愿意"是指产学研各方能够从产学研协同创新中获得利益的最大化，也就是说，对产学研协同创新的选择是三方最优的选择（也是各方主体进行协同创新的动力）。[①] 从企业方面看，企业需要新技术以维持自身的市场和利润。大企业为了维护垄断利润有着不断开发新产品的需求，而鉴于研发成本的提高和基础研究的风险，大企业有着极强的动力与高校和研究机构合作；与大企业相比，小企业虽然缺乏资金、人才和信息，但C. Vedovello研究发现，没有研发活动的企业比有研发活动的企业更加渴望与高校建立正式的联系，以通过开发新的产品获得市场和利润，只是采取的方式不同。从高校和研究机构看，其知识商业化有两种途径：自办企业；与企业合作。由于高校和研究机构在技术快速商业化、创新资金、生产试验设备和场所、市场信息及营销经验等方面存在不足，与企业合作成为其实现知识商品化的最佳选择。由此可见，在产学研协同创新中，企业可以获得高校和研究机构的优势要素，从而减少创新成本、降低创新风险、提高创新能力、实现利润最大化；而高校和研究机构不仅可以转移自身的知识商品化风险，还可以开拓政府资助研究以外的经费资助渠道。虽然产学研各主体具有进行协同创新的基础和动力，但是这种动力机制并不完善。首先，企业与高校和研究机构是两类不同的社会实体，其性质和战略目标不同。这些差异虽然决定了它们的相对优势，但也在一定程度上阻碍了它们之间的合作。其次，产学研之间的协同创新需要有良性运行的技术知识市场及相应的保护知识产权的法律机制；双方的合作要求双方主体间紧密接触，而双方对知识成果价值的判断也会影响合作的意愿及力度。为此，各主体需要进行协同创新机会的识别，确定战略方向、选择协同主体、明确协同资源。

---

① 傅强，李成文.产业转型压力驱动下的政产学研协同创新机制研究[J].科教文汇(中旬刊)，2012(7)：1-2.

6.1.1.2 运行阶段:多维度协同互动,实现协同创新

协同学认为,一个系统从无序向有序转化的关键在于:组成该系统的各子系统在一定条件下,通过非线性相互作用能否产生相干效应及协同作用,从而实现结构及功能上的有序化。产学研协同创新的实践过程同样是一个多维度的、非线性的协同互动过程。在这一过程中,由于技术研发需要大量资金投入,而且存在巨大风险,因此产学研合作需要政府、企业、高校、科研机构、金融机构、中介服务机构等"政产学研金介"全方位的协作和密切配合。从美国硅谷、英国剑桥、日本筑波、法国索菲亚等世界一流高科技园区的产学研合作实践来看,"政产学研金介"的密切配合是确保产学研协同创新成功的关键因素。在这一协作体系中,政府主要扮演政策支持角色,高校和科研机构则是技术支持者,金融机构和中介机构提供资金和服务,企业提供资金、人力资源、物质资源支持,并实现科技成果产业化。只有通过"政产学研金介"密切协作和紧密配合,才能真正实现资源共享、风险共担和优势互补,最终确保产学研协同创新成功,如图 6-2 所示。①

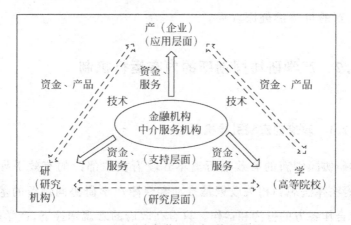

图 6-2 "政产学研金介"协作关系

---

① 龚红,查冰川. 产学研协同创新组织模式演进与优化研究[J]. 科技进步与对策,2014,31(21):22-26.

6.1.1.3 延伸阶段：协同创新的保障机制

对协同创新运行阶段产出的新知识、新技术的商业化是产学研协同创新取得最终成功的关键，新知识、新技术的商业化还可以为新一轮产学研协同创新提供持续的动力。多数学者的主要研究范畴是协同创新的实现过程，并未涉及作为协同创新延伸阶段的创新成果商业化。因此，对协同创新运行阶段的政策、市场等外部环境的分析和研究是对产学研协同创新中协同机制分析的重要补充。产学研协同创新延伸阶段面临的问题主要在于内部利益分配、外部政策和市场环境三个方面。内部利益分配问题（如知识产权归属、研发人员收益分配比例等）可能造成创新成果产业化的滞后，外部政策制度、法律环境和市场金融环境等因素的不匹配甚至可能造成创新成果无法产业化。因此，政府应加强在以知识产权为代表的法律方面以及符合我国国情的产学研协同创新政策方面的作为，着力培养市场中以金融机构为代表的中介机构对产学研协同创新的支持，构建一个完善的协同创新保障机制，促进产学研协同创新成果的商业化和协同创新的可持续健康发展。

6.1.2 产学研协同创新的内在运行机制

6.1.2.1 政府的宏观引导机制

产学研协同创新的有效运行离不开政府相关部门的有效引导与协调。首先，政府法律法规和相关政策是推动和保障产学研协同创新的基础，规范和指引着合作各方的行为和运作。只有在政府的宏观调控下，产学研协同创新才能更好地发挥合作各方的优势并保障各方的利益。其次，目前我国产学研协同合作方面的相关政策和制度还不够完善，合作各方的利益和权责博弈问题仍难以融合，需要政府部门制定明确的法律法规和政策引导，对合作各方的管理、责任、权利等做出明确的规范，以促进各方深度合作，降低成本，增加效益。例如,20世纪80年代以来,美国政府颁布了一系列推动产学研协同创新的政策法规,实施了很多重大政策工具,有效地推动了产学研协同创新。从政策工具的视角来看,美国政府推动产学研协同创新的路径包括倡导性政策工具、使能性政策工具、资助性政策工具和规制性政策工具。① 倡导性政策工具主要包括开展产学研协同创新公共咨询服务、组织开展产学研协同创新绩效评估。美国政府推动产学研协同创新的使能性政策工具中,联邦政府对中间组织给予了必要的支持,这些中间组织大致包括部门组织(sectoral organization)和横向组织(horizontal organization)两大类。这些中间组织为产学研协同创新发挥了重要的公共服务作用。作为产学研协同创新的资助者,20世纪80年代以来,美国联邦政府实施了大量激励产学研协同创新的资助性政策工具。例如,国防和能源高级科研项目以及中小企业创新研究项目都是美国联邦政府研发资助的重要项目,都以激励产学研协同创新为主要使命。美国国家科学基金会资助评估程序将产学研协同创新作为判断是否提供联邦资助的一项重要指标。在其他财政激励方面,美国联邦政府研发税收优惠政策的一个重要功能就是激励产学研协同创新。规制性政策工具主要包括知识产权规制和科研行为规制。这些政策工具实施经验可为我国当前深入推进产学研协同创新提供有益借鉴。在倡导性政策工具方面,我国应建立健全产学研协同创新的全国性绩效评估体制机制,针对产学研协同创新研制科学的评估指标体系,通过定期大规模绩效评估为后期资助提供依据;应建立健全产学研协同创新全国性高层论坛,为产学研协同创新各方提供公共咨询服务和交流协商平台。在使能性政策工具方面,政府应牵头或支持建立多种形式的中间服务组织,为产学研协同创新提供全方位的服务支持。在资助性政策工具方面,政府应健全多元资助体系,在强化政府多方直接资助的同时,加大税收优惠力度,并使其成为永久性财政激励工具。在规制性政策工具方面,政府应在知识产权方面给予充分的法律规制,明确不同资助项目特别是产学研协同创新项目中知识产权的归属问题,这是开展产学研协同创

---

① 武学超. 美国联邦政府推动产学研协同创新的路径审视——政策工具视角[J]. 高教探索, 2017(5): 71-77.

新的基础性保障。

6.1.2.2 高校的人才驱动机制

创新人才是产学研协同创新有效运行的重要保障。因此,实现产学研协同创新的知识协同和科学技术增值效用的关键是高校的人才培养驱动机制。在新时代背景下,创新不仅是产品和生产技术的创新,也是思维观念和思维方式的创新。高校应适应新时代发展的需要,着力培养复合型的专业人才以满足科研机构和企业的人才需要。拥有创新意识和能力的高素质复合型专业人才,是保证知识转变为生产力的关键条件。

6.1.2.3 科研机构的推动机制

在整个产学研合作系统里,科研机构起着至关重要的推动作用。科研机构中的科研人员大多兼有教学任务,他们会将最新的科研成果充实到教学内容中,推动学校课程专业设置的调整,提高教师队伍的教学水平。同时,科研人员的科研成果也可以为高校的硕士点和博士点建设提供强而有力的支撑,提高人才培养的规模和质量。科研机构也在向企业提供专业技术服务,为企业提供人才专业培训,与企业联合开发新技术和新产品,从而提高企业的核心竞争力,使其可以取得更多的经济效益。

6.1.2.4 企业的需求拉动机制

从企业自身的角度看,如果没有先进的技术和高素质的人才,企业的竞争力将难以提高。企业通过产学研协同提供的物质资源和平台支持,参与高校的人才培养和科研机构的技术创新,不仅可以更好地提高自身的人才和技术资本,而且可以减少高新科技成果转化为生产力的时间与运营成本。因此,企业因自身的发展需要,可以更好地拉动与促进高校和科研机构的学术研究,将产学研协同创新更加紧密地联合起来。

6.2 产学研协同创新运行模式选择[①]

产学研各主体为了开展协同创新活动,必须选择和采用一定的方式进行互动,维系各方的合作和制约关系。在合作过程中,需要采用的特定组织形式和活动方式在实践中逐渐稳定和成型,就形成了产学研合作运行机制的主要模式。

在国际研究领域,对产学研合作模式最早的探索起源于19世纪以来对高校所存在的理念和使命的探讨与实践,诸如德国人洪堡、英国人纽曼及美国人弗莱克斯纳等学者、"威斯康星思想"(Wisconsin idea)的确立与扩散以及二战中国家实验室的重要作用等,都对现代意义上的产学研合作模式的诞生做出了巨大的贡献。朱桂龙等基于对产学研合作国际研究的系统综述,发现产学研合作模式的研究呈现出早期的线性合作模式到非线性交互/融合创新模式。在线性合作模式下,高校与产业界之间界限明确,高校主要为产业界提供顾问服务和培养人才,产业界为高校提供资金支持。而非线性交互/融合创新模式下,高校与产业界之间的角色和界限则呈现模糊化,高校在一定程度上扮演企业的部分角色,而企业也扮演高校的部分角色。这种模式中最典型的是"三重螺旋"模式(triple helix)。自从Etzkowita提出产学合作是高校除了教学和科研之外的"第三使命"这一观点以来,产学研协同创新更是受到了理论界和实践界的普遍重视,成为协同创新的重要体现形式之一。

6.2.1 国外产学研协同创新模式

美国作为现代产学研合作的发祥地,产学研各方合作紧密、形式多

[①] 张健,王粲璨.产学研协同创新:从1+1到1×1——基于组织结构、机制和模式的视角[J].中国高校科技,2016(7):32-33.

样、应用性强,具体模式包括大学科技园、企业孵化器、技术转移和专利交易等。其中,兴起于20世纪50年代的"硅谷模式"在世界范围内激起了针对产学研合作的研究和实践浪潮。该模式的构成主体涵盖了高科技企业、研究型大学、科研院所及相关科技服务机构等。目前世界主要国家产学研合作的典型表现形式主要有美国产学研协同创新模式、英国高校协同创新模式、德国校研机构协同创新模式、日本产学研协同创新模式、韩国产学研协同创新模式五个由国家构建的具有代表性的产学研协同创新模式。①

6.2.1.1 美国产学研协同创新模式

美国具有产学研结合的历史传统,产学研合作在国家创新体系中的地位明确且相当重要。政府推进产学研合作不仅历史悠久,而且理念超前,手段多样,效果明显。早在1862年,美国就出台了《莫雷尔法案》,激发了产学研协同创新思想的产生。美国产学研协同创新模式主要包括大学科技园、企业孵化器、合作研究中心、契约合作研究、咨询协议、技术入股合作、技术许可、大学衍生企业等八大模式。②

大学科技园是以高校或高校群落为依托,通过集成各类创新要素和资源,采用政府资金、企业资金、金融资本与风险资本等多元化的资本运作方式,以实现高校科研成果向企业和社会有效转化为核心功能的科技园区。③大学科技园是为高校和企业提供合作的重要平台,企业和高校在这一平台上共享资源、互取所需,政府为其提供有力的政策支持和保障,三者在相互合作中形成良性的互动机制。美国大学科技园联合会(Association for University Research Parks,AURP)将大学科技园(research park)界定为"以知识产权为基础的创业投资",并且具有五个特征:一是用于科研和商业化活动;二是为高校和研究机构创设合作关系;三是鼓励新企业的成长;四是技术转化;五

---

① 于天琪.产学研协同创新模式研究——文献综述[J].工业技术经济,2019(7):88-92.
② 蓝晓霞.美国产学研协同创新机制研究[M].北京:北京交通大学出版社,2014:130-156.
③ 洪银兴,等.产学研协同创新研究[M].北京:人民出版社,2015:134.

是推动技术引领型经济的发展。① 大学科技园主要建立在企业的市场需求、高校的优质创新资源及政府出台的优惠政策或带来的具有导向性的投资之上。由高校、企业、政府构建的科研互动平台能够产生科研集群效应,并提高科技园的竞争力和创新力,其主要功能是为各主体提供信息、资源交流和综合服务的平台,实现产学研的协同管理。根据不同的组建主体,美国的大学科技园分为三种类型:一是由高校组建,如斯坦福大学1951年兴建的"斯坦福研究园"(Stanford Research Park);二是由企业组建,如20世纪50年代沿波士顿128号公路兴办的"波士顿128号公路高技术园区"(Boston 128);三是由州政府组建,如北卡罗来纳州政府组织的"北卡三角研究园"(Research Triangle)。②

企业孵化器(business incubation)是在企业创办初期,政府、企业、高校提供场地、服务、技术等多种支持,帮助新企业解决遇到的发展难题,是为产品创新和小企业诞生与成长提供帮助的产学研合作组织模式。美国企业孵化器协会(National Business Incubation Association,NBIA)将其定义为在向新企业提供价格低廉且富有灵活性场所的同时,还提供各种支持性服务,如在管理、技术、融资等方面为新企业提供全方位帮助,创造与其他企业或高校、科技机构等专业人员的交流机会,根据成员需要提供专业化、针对性的培训等,促进新企业的存活、成长和发展。③ 企业孵化器为科技成果的转化提供了有形的场所和基本的物质条件,其孵化的对象主要是具有商业前景的高新技术成果,孵化器为新企业提供服务和便利,可以弥补创业者的知识不足,帮助他们获取发展资源,解决孵化过程中遇到的问题和困难。美国企业孵化器不仅孕育了一大批中小企业,促进了高校科研成果的商业化和市场化,还在一定程度上提高了地区的就业率,带动了区域经济发展。

合作研究中心(cooperative research center)是企业或政府根据发展方向

---

① Association for University Research Parks. Research Park[EB/OL]. http://www.Aurp.Net/what-is-a-research-park. [2012-04-15].
② 蓝晓霞.美国产学研协同创新机制研究[M].北京:北京交通大学出版社,2014:130-131.
③ 蓝晓霞.美国产学研协同创新机制研究[M].北京:北京交通大学出版社,2014:133.

授权委托高校或科研院所通过合作关系成立的,主要以承担科研任务的方式开展合作。从实践来看,合作研究中心主要有两种形式:一是一所高校与一个或多个企业联合形成研究中心,如马萨诸塞州立大学的聚合物科学和工程合作研究中心;二是由多所高校与多个企业开展合作形成研究中心,如罗彻斯特大学的电子影像合作研究中心。

契约合作研究(contract research)是美国大学、科研院所与企业之间普遍采用的合作方式,各参与主体以签订契约的形式共同承担风险,分享利益。契约合作研究模式中高校与企业签订的合作协议通常包括以下要点:①关于研究计划的范围、起止时间、知识产权归属和保密性信息有严格界定;②研究人员保留出版的权利,不过也可以允许资助者有知情权;③研究者或高校保留对新知识产权的所有权,但资助者有权以非营利性目的使用研究成果;④研究者以客观专业的态度开展合作,但对研究结果不作承诺。实证研究表明,契约合作研究模式是最受高校学者喜爱的产学研合作方式,因为该模式既可以使高校获得企业的资金支持,又能保持较高的独立性和自主性。

咨询(consulting)是产业界与高校之间有效的沟通桥梁,是产业需要与高校智力资源实现联系和对接的重要渠道。通过咨询工作,高校学者既可以获得额外收入,并为研究生和博士后拓展就业渠道,也可以在咨询中找到知识与实践的契合点,从而更加关注应用研究项目,甚至以此为基础实现知识创业。美国超过1/3的高校教师从事各种类型的咨询工作,其中工程系教师超过60%、商业院系教师超过50%。在美国排名前20的重点研究型大学中,50%以上的工程系教师利用10%~50%的时间为企业提供咨询。①

技术入股合作模式(technology contributed as equity investment)是企业以股权交易的方式换取高校知识产权使用权的合作方式。20世纪90年代以来,技术入股合作模式受到越来越广泛的关注。其优势体现在以下几个方面。第一,股权为高校提供了参与企业未来收益分成的重要选择。第二,技术入股使高校成为企业的部分拥有者,将高校与企业的利益紧密结合,驱使

---

① 蓝晓霞.美国产学研协同创新机制研究[M].北京:北京交通大学出版社,2014:141-142.

双方共同努力实现技术发明商业化的目标。第三,技术入股模式有助于减少企业与高校之间关于知识产权的争议和诉讼。第四,技术股权可以发挥正向认证功能,提升合作双方的社会声誉。对高校来说,持有企业的技术股权能够向外部社会展示自己的创新能力和产品价值,这种进取意识和创业能力可以发挥隐形的信号作用,吸引更多的企业与高校合作,同时也增加了未来与其他企业谈判的筹码。对企业来说,技术股权能够向其他投资者展示自己从高校获取的有价值技术及高校对该技术的信心,从而提高企业的融资能力。技术入股模式特别是对初创企业的技术入股存在一定的风险,但是其潜在的丰厚收益依然使其成为许多高校的选择。此外,当高校与企业对某项技术成果的商业化价值存在不同意见时,以技术入股形式参与新企业创建成为高校实现技术转让的另一途径。

技术许可模式(technology licensing)是指高校或研究机构通过技术转让、咨询和服务,将具有应用前景的技术出售给合适的校外企业,实现科研成果的商业价值,进而达到使科研成果快速转化、科技专利获得保护及共享的目的。美国大学技术经理人协会的数据显示,20世纪90年代以来,美国大学专利申请量的年均增长速度达13.5%,技术许可量年均增长9.7%。2012年,美国大学专利许可产生新产品591项,提交发明专利申请22 150项,通过5145项专利,批准技术许可5130项。大学专利许可收入达到26亿美元。[1]

大学衍生企业(spin-offs)是指将高校科研成果转化后从事产品生产或服务的企业。作为将学术研究成果市场化的富有前景的方式,衍生企业构成了美国产学研协同创新的一种重要模式,发挥着知识溢出和技术扩散的积极效应。与企业衍生企业等其他形式不同,大学衍生企业有两个鲜明的特征:①企业的创建者来源于高校,高校学者个人创办或高校组织发起创建;②高校科研成果的转移是企业赖以生存的基础,企业是高校知识溢出效应的直接受益方。衍生企业在成立和发展过程中通常保持密切的合作和互动关系。对于衍生企业来说,起步阶段的每一步都很关键,每个环节都需要高校提供

---

[1] 蓝晓霞.美国产学研协同创新机制研究[M].北京:北京交通大学出版社,2014:147-148.

政策、基础设施、信用担保、资金投入等方面的支持，才能立足和发展。而成功的衍生企业不仅可以为高校带来丰厚的经济收益和办学资金，带给高校毕业生更多的就业机会，在提升行业技术发展水平、提高高校社会声誉、改善地区经济发展等方面也可以发挥积极作用。此外，在高校科技园集聚的衍生企业还能给高校带来额外的土地租金收益，并形成高新技术产业的集聚效应，发挥更强的技术扩散和辐射作用。因此，衍生企业与高校的这种互利共赢发展受到美国学术界、产业界和政府部门的持续关注。美国大学技术经理人协会调查发现，2012年，美国大学技术转移产生的衍生企业为705家，依然活跃运作的大学衍生企业有4002家。①

总之，美国政府基于企业需求，从制度保障、健全体制机制、资金提供等方面调动了产学研各主体参与合作的积极性，为产学研协同创新发展营造了良好的内外环境，进一步提升了国家科技竞争力。

6.2.1.2 英国高校协同创新模式

英国创新战略的总目标是使英国成为"世界科学的领先国"和"全球经济的知识中心"。产学研合作创新是英国创新战略总目标的重要组成部分。②英国历届政府都很重视产学研合作创新，并采取多项措施予以积极推进，致力于研究成果的产业化。其主要特点是国家创新战略目标具体明确，可检验性强，并以由政府、企业、研究机构参与的多层次、多形式专项合作计划为主要实施方式，如联系合作研究计划、法拉第合作伙伴计划等，政府还十分支持中小企业参与产学研合作，重视发挥中介机构的作用。③英国高校产学研协同创新模式分为三种类型：教学公司模式、沃里克模式和剑桥科学公园模式。④教学公司模式是高校、企业和政府共同合作进行人才培养，成立非营利性的半民间半行政机构，通过行政手段将各主体组织起来，以签订民间合同

---

① 蓝晓霞.美国产学研协同创新机制研究[M].北京：北京交通大学出版社,2014：155.
② 蓝晓霞.美国产学研协同创新机制研究[M].北京：北京交通大学出版社,2014：2.
③ 孙福全,陈宝明,王文岩.主要发达国家的产学研合作创新：基本经验及启示[M].北京：经济管理出版社,2008：33.
④ 温裕峰.高校带动型产学研协同创新模式研究[D].桂林：广西师范大学,2015.

的方式确定各主体的责任和利益分配。这种模式的优点是全面考虑了各主体的需求和意愿。沃里克模式是为沃里克大学设计的模式。该校的办学理念以创新、创业为核心，专注于创新科研成果的产出及创业精神的塑造，投资者被优质的资源及精神条件所吸引，积极与政府建立合作关系，创办自主投资的高技术企业，为高校成果转化发挥了催化作用。与美国大学科技园类似，剑桥科学公园汇集了精锐的科学技术及先进的科研成果，成为欧洲地区规模最大的工业技术生产地。英国政府鼓励企业尤其是中小企业参与产学研合作，并支持企业投资高新技术，已形成完善、科学的产学研协同发展政策。

6.2.1.3 德国校研机构协同创新模式

德国在科技创新体系中职能机构的特色主要体现在科技行政管理部门、科技行政关联机构与公共科研机构三个方面。德国的科技发展行政管理职能按照基础研究和应用研究的界限主要集中于少数几个部门，其他部门虽然也存在科研活动，但规模较小，大多只是为了满足本部门工作要求，在科技发展中的作用相对有限。德国联邦教育与研究部（BMBF）是负责科研与教育活动的主要部门，其下属的德国研究共同体（DFG）是联邦政府促进德国高校和基础研究活动的主要机构，对所有科学领域研究活动提供资助，并协调大型公共研究协会的研究。联邦经济与技术部（BMWI）的科技发展职责范围涵盖能源、航空、交通等领域，并通过德国联邦工业研究协会（AIF）促进中小企业的发展。德国围绕科技政策制定、实施、评价全过程，建立了较为完善的科技行政关联机构体系。①德国校研机构协同创新模式主要分为共性模式和个性模式。共性模式包括战略创新平台、联合研究项目、联合聘任大学教授、共享科学设施、共建时效性研究单元模式；个性模式包括校研机构合并、创新人才培养协同、弗朗霍夫模式。与其他欧美国家相比，德国产学研协同创新模式研究起步较晚，但是基础研究扎实过硬，科研成果丰富，科技开发实力雄厚，

---

① 洪银兴，等.产学研协同创新研究[M].北京：人民出版社，2015：352.

通过高校联合应用,形成了经典产学研协同创新模式。① 德国重视高校创新型人才的培养优势,探索理论与实践相结合的培养方式,学生在学校完成理论学习之后,到企业接受实践培训。这种培养方式不仅使学生更容易得到企业的认可,也为学生进入社会奠定了基础。弗朗霍夫模式则是以高校的研究机构为主体、知名企业参与的非营利性产学研联合组织。这种模式不仅激发了研究机构的创新能力,还为技术密集型企业开拓了市场。德国政府的正确导向为产学研协同创新营造了良好的发展环境,张弛有度的政策措施深化了高校、科研机构、企业之间的合作关系,为欧洲经济复苏做出了贡献。

6.2.1.4 日本产学研协同创新模式

日本政府是产学研结合的创始者,对科技的经济功能有深刻认识。早在明治维新时期,日本就提出了"科技与产业一致"的政策主张。20世纪60年代初,日本政府运用多项政策,鼓励和引导高校、研究机构与产业界合作,推动产学研协同发展。日本政府在80年代中期提出"科技立国"口号,90年代后积极推进产学研一体化进程。② 日本产学研协同创新模式是以政府为核心的多种合作模式,主要包括共同研究、委托研究、委托研究员制度、企业捐赠制度、设立共同研究中心、建立科学园区、日本学术振兴等。③ 共同研究模式是指政府和企业对同一课题开展联合研究,各自承担研发过程中产生的科研费用,科研成果可以双方共享,互取所长以弥补不足。委托研究分为政府委托高校研究和企业委托高校培养研究人员两种模式,前者主要是由政府或公益机构出资设立科研项目委托高校开展研究,高校按照双方签订的合同完成课题;后者是企业委托高校对本单位的业务人员进行定期职业教育培训,以提高业务人员的业务水平。日本政府对产学研协同创新的高度重视激发了高校、科研院所服务社会的功能,促进了科研成果转化和技术创新,推动了经济社会发展。

---

① 李晓慧,贺德方,彭洁.美、日、德产学研合作模式及启示[J].科技导报,2017,35(19):81-84.
② 蓝晓霞.美国产学研协同创新机制研究[M].北京:北京交通大学出版社,2014:2.
③ 李波.日本大学产学研合作现状及其启示[J].河西学院学报,2004(4):87-89.

6.2.1.5 韩国产学研协同创新模式

韩国是落后国家发展成为创新型国家的成功范例。韩国政府一直将科技进步视为经济发展的主要动力,注重制定与经济发展计划密切配合的技术进步政策。韩国将"科技立国"确立为国家战略,注重立法保障与政策支持,出台专门针对产学研合作创新的《合作研究开发振兴法》(1993年)和《技术转让促进法》(2000年),并通过经费支持及多种优惠政策促进产学研协同技术开发。① 韩国的产学研协同创新模式注重以企业需求为核心的联合研发模式,主要包括大学科技园、委托开发研究、产业技术研究组合、产学研合作研究中心、参与国外产学研合作等模式。② 韩国通过成立产学研联合基金会为产学研合作提供充足的资金及管理服务,以便统筹安排产学研合作相关工作并全权负责所有事务。③ 韩国政府开展的一系列有利于产学研协同创新发展的做法推动了韩国科技创新能力的提升,使韩国快速跻身创新型国家之列。

以上各国从本国实际出发,坚持科技与经济紧密结合,注重科技成果转化,制定了较为完善的政策和法律,构建了行之有效的产学研协同创新模式。美国的大学科技园、大学衍生企业、合作研究中心,英国的剑桥科学公园模式、教学公司模式、沃里克模式,德国的创新人才培养协同模式都是我国学者研究产学研协同创新模式的典范,值得我们学习与借鉴。

6.2.2 国内产学研协同创新模式

国内协同创新研究主要集中在产业集群、产学研、战略联盟、供应链、生态系统和区域发展等研究领域,以"产学""合作""关系"和"交互"研究为核心,关注产学研协同创新模式。总体来看,我国学者主要按照不同分类标准

---

① 蓝晓霞.美国产学研协同创新机制研究[M].北京:北京交通大学出版社,2014:2-3.
② 李校堃.国外产学研合作模式概述及其对我国高校教学的启示[J].现代企业教育,2014(10):172.
③ 费艳颖,姜国峰,王越.美日韩大学参与产学研协同创新模式及对我国的启示[J].科学管理研究,2014,32(1):106-109.

对产学研协同创新模式进行研究。

6.2.2.1 按产学研参与主体分类

按照参与主体可将产学研协同创新模式划分为企业主导模式和学研主导模式。① 企业作为产学研协同创新模式的主要推动力,具有雄厚资金及先进设备优势,在产学研参与主体中拥有主动权。开展产学研协同合作有助于企业提高自身创新与发展能力,研发出新的产品和技术,而且企业在产学研协同创新模式中处于绝对优势,能够独立做出决策。学研主导模式即高校主导模式。在与企业构建产学研协同创新模式的过程中,高校能够发挥技术及科研成果优势,通过深入合作成立研发机构,向企业出售技术专利和转让科研成果,达到提高自身科研创新能力的目的。高校在科研方面的优势使其可以决定研发的方向,在产学研协同创新模式中始终处于主导地位。② 通过分析产学研合作主体中企业与高校之间的关系,总结出经典的产学研合作模式,有利于剖析产学研主体间的合作关系。

6.2.2.2 按产学研合作程度分类

按照产学研合作的松弛程度可以将协同创新模式划分为技术转让、委托研究、联合攻关、内部一体化、共建基地、共建实体等六种模式。③ 技术转让模式是一种经济法律行为,产学研合作各方经过商议达成共识,将专利技术、研发秘密、操作许可等无形资产的使用权进行转让。④ 委托研究是指委托方自愿承担风险,将研发任务以课题项目的形式委托给受托方进行研究。联合攻关是指产学研合作各方分别派出科研人员共同组建临时的研发团队,针对某一研究课题寻找解决方案。内部一体化是指高校、科研院所自行成立

---

① 白雪飞,王雪艳.产学研协同创新运行模式及优化策略[J].沈阳师范大学学报(社会科学版),2015(4):54-57.

② 俞媛媛.应用型地方本科院校产学研协同创新模式探析[J].卷宗,2018(14):1.

③ 鲁若愚,张鹏,张红琪.产学研合作创新模式研究——基于广东省部合作创新实践的研究[J].科学学研究,2012(2):186-193.

④ 王文岩,孙福全,申强.产学研合作模式的分类、特征及选择[J].中国科技论坛,2008(5):37-40.

企业，充分发挥在科研与人才方面的优势，将科研活动与市场经济有机结合，进而促进产业生产力发展。共建基地是指企业、高校及科研院所协同合作，按照一定比例投入人、财、物，共同组建联合实验室、工程技术中心、联合科研机构等研发基地。共建实体是指以资金或技术作为合作纽带，产学研合作各方深入合作、共同承担风险入股、共同组建研发实体。① 这种详细的分类为省市构建适合区域经济发展的产学研协同创新模式提供了有价值的参考。

6.2.2.3 按产学研创新服务分类

刘桂峰等(2014)通过比较清华大学和南京大学的产学研协同创新模式，总结归纳了按照创新服务进行分类的产学研协同创新模式。② 南京大学的产学研协同创新模式包括校办企业、科技园区、技术转移或成果转化、专项联合攻关、共建研究院和研发基地、校地合作基金、信息技术人才服务、国际科技合作联盟等。而清华大学通过与政府、各类企业进行多层次、多方面、立体化的产学研合作，形成了更为丰富多元的产学研协同创新模式，不仅包括以高校为主导的校办企业、科技园区、技术转移等模式，还包括专项技术联合攻关、技术咨询与服务、设立科研基金、共同申请国家重大科技攻关项目、高新技术装备应用、合作组建科研机构、设立校地科技合作科研项目、与重点地区共建"产学研合作办公室"、国际技术合作联盟、海外知识交流中心等。这种分类形式虽然主要以两所高校为研究对象，但对高校在产学研合作中发挥主体作用具有实践指导意义。

6.2.2.4 按产学研创新主体在生态圈中的位势和角色分类

根据产学研创新主体在生态圈中的位势和角色，可以将协同创新模式划分为高校内部产学研协作模式、双向联合协作模式、多向联合协作模

---

① 张小萍.深化产学研合作技术创新模式的政策路径探析：基于深圳市宝安区的实证研究[D].厦门：厦门大学，2012.

② 刘桂峰，刘琼，孙华平.高校产学研协同创新服务模式研究[J].图书馆学研究，2014(15)：65-71.

式和中介协调协作模式。① 高校内部产学研协作模式是由高校筹集教育研究经费，利用自身的教学研究资源和人才优势，创办自负盈亏、自主运营的经营实体，将教学实验基地和自主创办的经营实体合而为一，以期达到科学研究创新、人才实践培养和经济效益创收的多重效果。高校内部协作模式的优势主要有：创新研究由高校把关，避免企业因过于重视短期利益而进行过多干预；更好地将高校研究成果转化为经济效益；加强高校与社会的紧密联系；解决高校人才实习培训和就业岗位的需要；较好地协同产学研之间的关系。其缺陷主要是高校对于市场把握和经营实体的管理有所欠缺。许多高校内部产学研协作经营实体因经营不善而倒闭，也说明了高校内部产学研协作模式的市场适应能力较差，易被市场所淘汰。双向联合协作模式是基于企业的市场开发能力和管理能力而开展的协作模式。市场化的经营和生产不是高校的优势，高校的优势在于人才的培养和输送，以及知识的传播和科研能力，所以高校产学研必须走出去和校外企业合作。通过合作，高校能专心发挥自身优势，专心培养人才和做研究，而企业获得了高校专业人才和科研技术，增强了自身的核心市场竞争力，可以取得更多的经济效益。该协作模式的特点在于高校与企业之间优势互补，侧重一次性合作，合作终止后，高校无须承担后续投资，没有过多的风险。然而，其缺点在于协作双方可能会因为各自利益差异而产生分歧，引发沟通、观念与认识、权益与利益等方面的纠纷。尽管如此，正如 Hall、Link 和 Scott(2000)所指出的，企业与高校共同参与研发、共同承担风险、共享合作收益的合作模式将成为主流形式。② 多向联合协作模式主要基于市场风险分担机理，尽管合作项目可能有很好的市场，但当投资过于巨大或其他原因，双向联合协作模式无法完全承受时，就出现了以金融机构或个体资本投资者为主作为第三方主体的多向联合协作模

---

① 张健，王粲璨.产学研协同创新：从1+1到1×1——基于组织结构、机制和模式的视角[J]. 中国高校科技，2016(7)：32-33.

② Hall B H, Link A N, Scott J T. Universities as Research Partners[EB/OL]. http://www. Nber.org /papers/w7643, 2000-04-01.

式。该模式的优点是风险低、合作期限长、潜力大、能完成大型科研创新项目、收益明显。但该模式追求的是大型规模效益,一般高校可能无法参与此类协作模式,只有拥有大型科研成果的高校才有可能参与此类协作模式。中介协调协作模式的运用是在产学研协同创新过程中,合作方因为技术成果是否成熟、权益与收益的分配是否合理、产品开发与市场投入是否有效、合作方信息不对称等问题,导致高校成果难以与企业、市场机会适配。为解决这些问题,高校产业推广中心、政府生产力促进中心、社会科技推广服务机构等中介机构应运而生。这些机构不做科研、不做市场,也不生产,只是为促进产学研协同创新提供服务。该协作模式的特点是广泛的信息收集、多形式的传播消息、以中介的身份调解各方的分歧,并提供对供需信息真实性和利益的分割担保,促进高校产学研协同创新的协作成功。

6.2.2.5 按产学研协同创新的组织层次和紧密程度分类

王章豹等(2015)在总结和借鉴已有产学研合作模式研究成果的基础上,依据产学研协同创新的组织层次和紧密程度,将产学研协同创新分为项目式、共建式、实体式、联盟式及虚拟式五种组织模式。[①] 项目式协同创新模式是指产学研双方或三方以项目为载体,建立密切的协作关系,整合与利用各方优势资源和力量,攻克项目难题,实现协同创新和技术转移。该模式主要包括技术转让、委托研发、协同攻关三种类型。其中,协同攻关是指针对一个研发课题或工程项目,产学研各方通过优势集成协同攻克技术难题的一种经济法律行为,更多地体现了协同的特点。因此,协同攻关应成为项目式产学研协同创新的主要组织形式。共建式协同创新模式是指企业、高校和科研机构以科学研究开发为结合点,以促进科技成果转化为目标,发挥各自在资金、人才、研发能力等方面的优势,共同投入资源与经营管理的多方位、一体化协同创新模式,其具体形式主要有三种:共建研究开发基地、共建协同创新中心

---

① 王章豹,韩依洲,洪天求.产学研协同创新组织模式及其优劣势分析[J].科技进步与对策,2015,32(2):24-29.

和共建高科技园区。实体式产学研协同创新模式是指产学研各方通过注入资金或采取技术入股的方式,组建具有法人资格的经济实体,三方按照市场经济规律,以资本或产权为纽带,协同开发生产科技含量和附加价值高的高新技术产品的紧密型协同运作模式。实体式产学研协同创新模式具体细分为内部实体和外部实体两种形式。产学研协同内部实体模式就是人们常说的高校科技企业。产学研协同外部实体模式是指产学研各方通过出资或技术入股的形式,组建法人经济实体,共同进行新技术研发和新产品生产的协同创新方式。该模式主要有两种形式:协同经营型和技术入股型。随着经济、科技全球化发展和技术创新复杂度的增加,20世纪末以来,产学研合作开始向更高级阶段的战略联盟方向演变,其中,产业技术创新战略联盟(简称"产业技术联盟")最具代表性。产业技术创新战略联盟是指以大中型骨干企业或行业龙头企业为主导,协同相关学科领域具有优势的高校或科研院所,通过人才、技术、资金等创新要素的优化组合,共同致力于研究开发国家战略性产业共性、关键技术,提升产业技术创新能力而建立的一种长期、稳定的利益共同体。自20世纪90年代初肯尼斯·普瑞斯(Kenneth Preiss)等提出虚拟组织概念以来,随着现代信息技术的发展,虚拟研发组织逐渐演化成为产学研协同创新的一种重要组织形式。虚拟式产学研协同创新模式是指企业、高校和科研机构借助现代网络技术,自主协商建立开放、动态、协作的新型网络组织运行模式和虚拟研发平台,协同人才培养、研究开发、产业化等活动的网络化虚拟组织形式。例如,产学研虚拟合作教育就是一种建立在信息技术和远程交流的基础上,以国家意志为保证,产学研各方共同参与为特征的虚拟式协同创新模式。

6.2.2.6 按产学研各方的合作深度和知识流动的方向分类

王海军、祝爱民(2019)按照产学研各方合作的深度和知识流动的方向对产学研协同创新模式进行汇总。① 其中,协同创新合作的深度是指合作各方

---

① 王海军,祝爱民.产学研协同创新理论模式:研究动态与展望[J].技术经济,2019,38(2):62-71.

交互的复杂性或难易性,可以用交互的频率、每次交互的持续时间及合作期限等指标来衡量;协同创新合作的方向是指合作各方知识流动的方向,包括单向流动(知识由高校流向产业/企业或由产业/企业流向高校)和双向流动。如图 6-3 所示,深层次双向产学研协同创新模式包括技术入股、紧密合作、共生、战略联盟和共建经济实体等;浅层次单向产学研协同创新模式包括提成支付、技术接力、技术专利、研发外包、一次付款外包和分期付款外包等;浅层次双向产学研协同创新模式包括联合研发和共建研究机构等;深层次单向产学研协同创新模式较少,包括产品收益分成和研发团队入驻企业等,如图 6-3 所示。

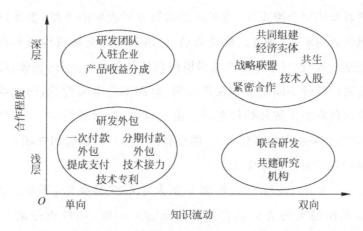

图 6-3 按产学研各方的合作深度和知识流动方向进行的协同创新模式分类

6.2.2.7 产学研协同创新的主辅体模式①

陈云(2012)根据产学研合作各方参与协同创新的深度,将参与各方分为主要参与方(产学研合作的主体)和次要参与方(产学研合作的辅体),并在此基础上提出了产学研协同创新的主辅体模式。所谓主要参与方,是指必须参与创新过程,并对具体的微观的产品创新或工艺创新的创意形成与实现做出实质性贡献,主要包括企业、高校和科研院所。这三者是产学研协同创新过

---

① 陈云.产学研合作相关概念辨析及范式构建[J].科学学研究,2012,30(8):1206-1210.

程的直接参与者和实施者,是产学研协同创新的主要贡献者。同时,如果用户也深度参与了产学研协同创新活动,构成了"基于用户的创新",则用户也可以作为产学研协同创新的主体。

政府在产学研协同创新中的作用十分重要,特别是在我国现有国情下,产学研协同创新中的政府行为不可或缺。但政府不是产学研合作的主体,因为政府不能直接参与创新活动,也不是产学研协同创新的利益主体,其功能是为产学研协同创新提供服务和支持。因此,政府是产学研协同创新的辅体。各种中介机构(如技术市场、生产力中心、科技信息中心、专利事务所、科技评估与咨询事务所、科技企业孵化器等)并未实质性地参与创新过程,不是直接的利益和风险分摊主体,而多是提供服务并收取服务费,因此只能是产学研协同创新的辅体。银行、投资公司、保险公司等金融机构也不直接参与企业的创新过程,也只能作为产学研协同创新的辅体。此外,媒体、商业企业等虽然会在产学研协同创新中发挥作用,但都不是本质性的,因此可不纳入产学研协同创新的主体和辅体范畴。由此可知,产学研协同创新存在"三主体、三辅体"(如果有用户深度参与,则会有四主体),可以得出如图6-4所示的产学研协同创新的主辅体模式。

如图6-4所示,高校作为各类专业人才培养的摇篮,不断为产业、为企业输送不同层次的合格的专业技术人才;同时,高校也是进行知识创新、原始性创新的基地,产学研协同创新使高校的研究成果在企业具生产性及市场性导向的创新活动中得到转化和应用,使高校教师的研究报告、实验数据不再被束之高阁。高校之于企业的功能是培养人才、转移技术、提供科技人力资源要素。而科研院所的作用主要是转移技术及提供要素。科研院所与企业合作有利于降低科研的盲目性并减少科技资源的浪费,而且有利于分摊和分散创新风险。企业与高校合作,企业可以获得大量的研发资金,高校则可以得到人才实践和深造的机会。用户是创新产品或创新工艺的需求方。产学研协同创新不仅要考虑用户需求,还要发挥用户在创新中的主动性和积极性。用户参与产学研协同创新的方式有体验创新、用户参与设计、用户进入创新团队等。图6-4中把用户当作潜

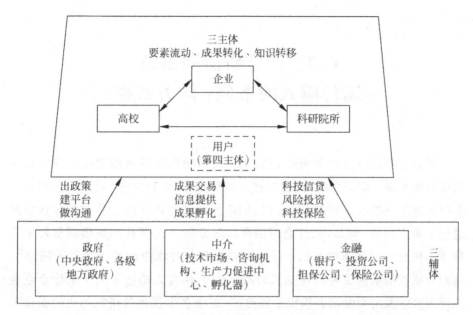

图 6-4 产学研协同创新的主辅体模式

在的第四方并用虚线表示,主要是考虑到现实中并不是所有的产学研协同创新都有用户的参与。从产学研协同创新的方式来看,产学研主体间合作的主要形式有人才联合培养与人才交流、联合承担项目、共建科研基地、组建研发实体、产学研联盟及产学研协同创新等,各主体间以实现要素流动、成果转化和知识转移为协同创新目的。与此相对应的三辅体主要包括政府、中介机构和金融机构三大辅体。其中,中央政府及各级地方政府为支持产学研协同创新项目制定和实施相关政策、搭建合作平台、开展沟通及协调服务工作,为产学研的合作主体提供政策与环境保障;以技术市场、咨询机构、生产力促进中心、孵化器为代表的科技中介机构为产学研合作创新主体提供成果交易、信息咨询、科技成果及科技企业孵化等服务,促进各主体间的知识流动和技术转移,并促使科技成果商业化及产业化;银行、投资公司、担保公司和保险公司等金融机构为产学研协同创新项目提供科技信贷、风险投资和科技保险等服务,保障研发项目的资金链,从而更有效地促进产学研协同创新。

6.3 产学研协同创新运行模式的案例：同方威视

同方威视是中国产学研结合实现重大原始创新的典型案例。同方威视的核心技术源于清华大学，其成功被专家称为继"两弹一星"以后中国在核技术领域的又一项重大科技突破，[①]其创新经验具有典型性。学术界对该案例进行了很多研究，例如，从社会网络角度的分析[②]，从孵化器和虚拟研发中心角度的研究[③]，用同方威视的例子说明知识创造过程中的复杂性理论问题[④]，用同方威视的案例说明粘性知识转移问题[⑤]，还有人论述了大学衍生企业在不同发展阶段与大学的合作机制特点[⑥]。以上各个视角的研究为我们提供了重要的理论基础，但是相关的研究并不充分，依然存在关键性空白。本小节将系统介绍同方威视的成长过程，并分析同方威视协同创新的知识转移和运行模式，为其他企业的协同创新实践提供借鉴。

6.3.1 同方威视成立的背景与发展历程

同方威视的建立源于清华大学在"八五攻关"期间所负责的"大型集装箱检查系统"课题。20世纪八九十年代，国际海运的方式逐渐从散货运输转换为集装箱运输，海运正式进入规模化运输时代。大规模运输方式的转变也带来了新的问题：集装箱运输更方便不法分子走私货物，海关亟须大型集装箱检查系统

[①] 刘冬梅.为了开放的国门更通畅[J].中国发明与专利,2004(5)：57-59.
[②] 李正风,张寒.大学技术转移"带土移植"社会网络的塑造：基于同方威视的案例分析[J].科学与社会,2013,3(3)：121-135.
[③] 杨德林,郑新华.清华同方的技术创新机制分析[J].经济问题探索,2001(8)：18-21.
[④] 王毅,吴贵生.基于复杂理论的知识创造机理研究[J].科学学研究,2005(2)：101-105.
[⑤] 王毅,吴贵生.产学研合作中粘滞知识的成因与转移机制研究[J].科研管理,2001(11)：114-121.
[⑥] 胡海峰.孵化、转移、回馈、联盟：大学衍生企业的创新发展路径：以威视股份公司为例[J].中国软科学,2010(7)：58-63.

来打击日益猖獗的走私活动。当时市场上有来自法国、英国和德国等国公司的成熟集装箱检查系统,但因为外国检查系统造价昂贵、国内外之间时差带来的售后问题等各种因素,我国需要加快开发大型集装箱检查系统。在国家的支持下,国家教委和科技委委派清华大学成立科研项目组。项目组于1992年3月正式成立,参与项目的院系包括清华大学工程物理系、核能技术研究院和机械系。

项目组经过艰苦奋战、科研攻关,经过四年时间于1996年1月顺利通过成果验收,完成了检查系统的样机搭建。此时的集装箱检查系统还只是协同创新成果,在产品可靠性、稳定性等多个维度上还达不到合格商品的水平。在国家推进各大科研院所和高校协同创新成果商业化的宏观背景下,清华大学于1997年7月正式成立了清华同方核技术公司(简称同方威视)。同方威视主要负责解决集装箱检查系统协同创新成果转化的问题。1998年1月,同方威视正式向天津海关交付了同方威视"固定式集装箱检查系统",宣告协同创新成果正式完成了产品化的生产。

同方威视在1998年完成"大型集装箱检查系统"产品化审定和产品化定型后,经过两年时间顺利与澳大利亚海关总署签订了两套"组合式集装箱检查系统"出口合同,打开了国际市场的大门。2003年,同方威视的产品获得欧盟CE认证,并首次出口欧洲(挪威)。成立8年后,2005年同方威视销售收入突破10亿元、出口检查系统超过100套、员工人数超过1000人。2012年,同方威视大型集装箱检测设备已在全球116个国家销售700余套,国际市场占有率超过50%。同方威视有六大产品系列,且多为国际市场的引领者。2013年,同方威视获得国内外授权专利723项,其中获得国外授权154项。同方威视还主导编制了IEC标准,这是我国在核技术领域主导完成的第一个国际标准。2019年同方威视的产品行销170个国家和地区。同方威视通过持续的协同创新成果转化工作,顺利进入多个行业安检领域:2004年正式进入铁路领域;2006年成功研制了世界首套液体安全检查系统、首套小型车辆检查系统、首套整编列车检查系统;2007年在迪拜赢得第一套民航安检订单;2020年疫情期间开发了多种产品协助抗疫。同方威视先后被认定为国家级企业技术中心分中心、国家级创新企业试点单位、"十百千工程"重点培育企业和国家技术创新示范企业。同方威视发展的进程如图6-5所示。

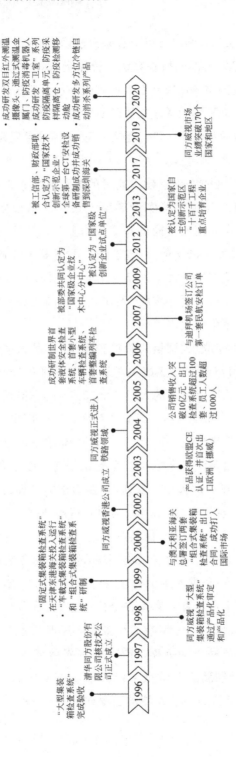

图 6-5 同方威视发展历程

从同方威视发展的整个历程看,同方威视的成长可以总结为以下五个典型阶段,如图6-6所示。①

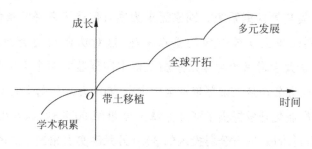

图6-6 同方威视的成长路线图

6.3.1.1 长期学术积累与重大科技突破

核科学及技术学科在清华大学有着较长的历史渊源,最早可以追溯到20世纪50年代,时任校长蒋南翔力主清华大学响应国家战略需求,设立核能与核技术学科。至今,清华已建成了中国乃至世界一流水平的核科学及技术学科。20世纪80年代初,受法国和德国等国在核检测技术领域进展的启发,清华大学组织工程物理系、物理系、电子系、核能技术研究院等单位,成立了清华大学工程物理系核技术及应用研究所,集中力量进行核检测技术科研攻关,并于1991年获得中国"八五"科技攻关计划支持。1996年1月,清华大学"大型集装箱检查系统"成套技术通过国家验收,并获得国家"八五"科技攻关重大成果奖,这标志着中国成为继法国、德国和英国之后第四个拥有以电子直线加速器为辐射源的大型集装箱检查技术的国家。

6.3.1.2 市场机遇与创新资源整合

市场需求是促进技术创新的有力武器。20世纪90年代,我国沿海走私犯罪猖獗,中国海关亟须一种快速集装箱检测系统。清华大学集装箱检测技术抓住了这一重要的市场机遇。当时主管外贸的李岚清副总理和吴仪副总

---

① 吴金希.从"带土移植"到创建创新生态体系——基于同方威视的探索式案例研究[J].中国软科学,2015(4):66-75.

理多次视察并指示清华大学尽快将该项目产业化。1998年11月,中国海关与清华大学签署了"H986工程"合作协议,协议规定清华大学尽快向中国海关提供10套集装箱检测系统。国家需求为项目创造了良好的条件,项目产业化也因此得到清华大学校领导的重点关注,这对协调校内资源起了关键作用。当时,清华大学附属产业体系刚刚获得中国证监会两个上市公司指标,在校方协调下,同方公司从上市募集资金中出资3000万元投向了大型集装箱检测项目,为项目产业化开发提供了资金保障。20世纪90年代,风险投资在中国还停留在理论研讨阶段,同方公司投入的3000万元事实上相当于准风险投资。

6.3.1.3 成立公司、带土移植

1997年7月,清华同方股份核技术公司(同方威视的前身,2002年根据国家要求与高校剥离并更名为清华同方威视技术股份有限公司)正式成立。同方威视的成立为成果转化解决了组织平台问题。但是,关键的问题是,同方威视以何种方式与清华大学合作进行成果转化?不同合作方式的效果有着天壤之别。当年,北大王选教授发明了汉字计算机激光照排系统,最初将技术委托给山东的一家国有计算机公司进行成果转化,但是历时多年进展并不顺利。1986年,王选委托北大新技术公司(现方正集团的前身)进行成果转化,产品商业化开发才走上快车道。此外,集装箱检测技术项目还有其特殊之处:一是技术更复杂,涵盖核技术、计算机技术、电子探测技术、精密制造等多个领域;二是专业领域相对敏感,属于国家高度管控的核技术领域,进入壁垒很高,社会上没有足够的人才和企业能够承接这项技术成果的转化任务;三是需求急迫,国家亟须用该技术作为海关打击走私的利器。为了顺利实现成果转化,清华大学和同方威视提出了"带土移植"转化模式。所谓"带土移植",就是同方威视不另起炉灶建立自己的技术创新体系,而是充分利用清华大学的研究团队和创新平台,将技术与人才一起移植到公司的项目开发事业中。因此,核心项目开发团队身兼两职,在担任清华大学教师的同时兼任同方威视的骨干研发人员,其中,康克军教授兼任同方威视总裁。项目团队一边带领企业员工制定工艺流程,一边培养企业工程师掌握核心技术,以迅速

形成制造能力。康克军后来解释说,对于这样庞杂的高技术系统,不可能用把图纸交到企业的简单方式实现成果转化,况且有很多技术工艺还在学者的脑子里,这些工艺细节在研发过程中虽然不是考虑重点,但对于制造来讲至关重要。带土移植使高校与企业实现了无缝对接,科技成果迅速转化为生产力。带土移植模式既不同于北大方正的委托式转化,更与斯坦福大学的专利授权方式大相径庭,它使知识拥有者获得了企业实际决策权,促进了资本和知识的有机结合,在某种程度上是知识雇用了资本,而不是资本雇用了知识,它更符合知识经济时代的经济特征。

6.3.1.4 打赢国际"擂台赛"与全球化扩展

同方威视的成功在于基于科技发明的自主创新。它从一开始就因为掌握自主知识产权的核心技术而掌握了市场主动权,从而迅速打开了国际市场。在公司成立仅4年后,同方威视就与澳大利亚海关签订了两套集装箱检查系统出口合同。最有戏剧性的是2001年同方威视在阿联酋打擂台获胜的故事。当时,迪拜海关采取现场"打擂台"方式招标检测设备,获胜者得到订单,失败者自行运走设备。同方威视与德国海曼公司、美国SAIC公司等国际一流对手同台竞技,打擂台的结果是同方威视的技术评分遥遥领先对手,最终以高出竞争对手的价格中标。同方威视从此迅速打开了海湾地区市场。在集装箱检测产业领域,大多数竞争者缺乏加速器等关键部件的研发生产能力,只能在市场上购买标准规格的加速器,这限制了它们为客户提供多样化解决方案的能力。同方威视依托清华大学,采取研发、生产一体化创新模式,能够在关键技术环节实现连续创新。例如,同方威视的双能加速器检测系统、液体安检体系都是基于先进加速器技术的。在核心技术方面的研发能力保证了同方威视在产品层面的竞争力。

6.3.1.5 从固定到移动,从单一产品到相关技术多元化发展

带土移植、知识雇用资本促进了同方威视核心团队创业活力的发挥,促进了持续技术创新。1998年6月,第一台固定式检测系统尚在建设中的时

候,中国海关要求清华大学一年内研发出移动式系统样机,这在全世界都是全新产品。清华团队仅用10个月时间就完成了任务,4个月后,组合移动式集装箱检查系统研制成功,同方威视连续创造了两项世界第一,获得了2003年度国家科技进步一等奖。目前,同方威视形成了"以辐射成像技术为核心,各种安检技术共同发展"的多元化技术路线,在大型器件的辐射探伤、交通行包检测、液体安检、核污染检测等技术领域引领中国乃至世界安检技术的发展方向。同方威视的新产品开发速度已经从创业初期的两年开发一个新产品,发展到一年开发十几个新产品,现已拥有数字信息、民用核技术、节能环保、科技金融"3+1"产业集群,形成了"政产学研用金"六要素相互赋能的创新孵化机制,构建了"5+N"新基建的广阔产业化应用实践平台。

6.3.2 同方威视协同创新的知识转移模式

协同创新各合作方的知识与研究成果在转移、共享的过程中相互分享、相互吸收,同步进行。这种转移和共享的模式能否适应市场需求是协同创新成功与否的关键。如上所述,同方威视采用"带土移植"的知识转移模式,将协同创新应用到公司发展的全流程中。协同创新过程中同方威视利用其丰富的市场经验,为校方的专家提供产品和技术方面的相关信息,推进研发工作,在这一过程中不断学习与积累理论知识,开阔视野,沉淀方法论,进一步提高效率,提升水平,为公司未来的科研工作打下了坚实的基础。

6.3.2.1 新产品研制阶段

在承接"大型集装箱检查系统"课题时,清华大学工程物理系、核能技术研究院和机械系分别提供了院系自主研发的相关核技术、电子探测技术、辐射成像技术和传送装置技术,并以这些协同创新成果为基础完成了实验样机的搭建。

同方威视与清华大学在产学研协同创新上采取了"带土移植"的转化模式,即企业建立初期,同方威视的核心研发团队成员都是来自清华大学的教授和科研人员,且企业核心研发成员掌握着协同创新成果相关的技术诀窍,带领企业员工加速了新产品研制的进程。其中,清华大学核研究所负责产品研制中所需的核探测技术的研发、工程物理系负责辐射成像技术的研发、物理系负责电子加速器技术的研发、机械系负责集装箱智能传送装置技术的研发。表 6-1 总结了"固定式集装箱检查系统"的技术基础。

表 6-1 "固定式集装箱检查系统"的技术基础

技 术 基 础	负 责 单 位
核探测技术	清华大学核研究所
辐射成像技术	清华大学工程物理系
电子加速器技术	清华大学物理系
集装箱智能传送装置	清华大学机械系

在新产品研制过程中,需要将各种技术整合为模块,完成固定式集装箱检查系统试样的研制。检查系统由辐射源模块、辐射成像模块和传送模块三个模块组成。辐射源模块是用来产生 X 射线的装置,常见的 X 发射源由 X 光机、放射性同位素、加速器等组成。辐射成像模块的作用是当 X 射线穿透被探测物后,捕捉并转化射线信号为数字信号,最终形成图像。传送模块负责将集装箱传送进入和运出检查系统。

检查系统辐射源模块的研制采用了清华大学物理系的直线电子加速器技术。当时,工业加速器的最大能量极限为 0.45 兆,物理系转换研发思路,最终研制出了最大能量极限为 15 兆的电子加速器,达到国际领先水平。在辐射成像模块中,清华大学工程物理系与核能技术研究院分别完成了辐射成像技术和核探测技术的研发,并整合两个技术完成了 X 射线透视成像模块的研制工作。在传送模块的研发上,国内外企业都面临机械传送装置故障率高、稳定性差的问题。同方威视最初想通过引入外部技术来解决集装箱传送的问题,但是尝试了许多外部技术仍无法达到产品化标准,因此委托清华大学机械系研制集装箱智能传送装置。清华大学机械系成功完成检查系统传送模块的研制。1998 年 1 月,通过集成三个模块,同方威视完成了"固定式集装箱检查系统"产品的研制工作。检查系统能用特定颜色区分有机物和无机物,从而可以帮助海关更加直观地识别集装箱内的货物；优化后的传送装置保证了高效的集装箱检查速率（每小时可检查 30 个集装箱），系统各方面均达到世界一流技术水平。图 6-7 为"固定式集装箱检查系统"模块示意图。

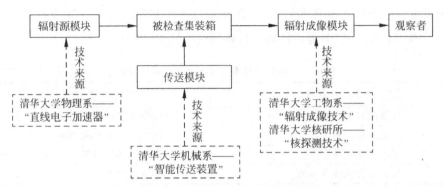

图 6-7 "固定式集装箱检查系统"模块示意图

通过初步的技术整合，同方威视将多个协同创新成果转化为"固定式集装箱检查系统"。该系统占地面积 5 万平方米，建筑面积 4000 平方米。然而，港口土地寸土寸金，海关方面希望同方威视开发占地面积更小的集装箱检查系统，以便装备到较小的港口。为了满足海关的需求，并拓展企业现有的产品线，同方威视决定开发车载式集装箱检查系统。车载式检查系统占地面积小、无须土建基础设施，在保证同等扫描效率的情况下，是比固定式检查系统更为经济的解决方案。开发新的产品意味着新的技术挑战，车载式检查系统需要更小的电子加速器作为技术基础。为了解决这一技术难题，同方威视委托清华大学物理系在之前的电子加速器技术基础上对加速器进行"瘦身"。随着物理系微型电子直线加速器的研制成功，同方威视通过在固定式检查系统上安装更小的加速器装置，开发出了新的 MT 系列组合车载式集装箱检查系统，完成了世界上首台车载加速器的研制。德国海曼公司借鉴同方威视的技术路线和设计方案，后续也研发出车载式检查系统。此后，同方威视又研制开发了"组合移动式""智轨式"等一系列集装箱检查系统，进一步巩固了在"大型集装箱检查系统"国际市场上的龙头地位。

6.3.2.2 批量化生产阶段

新产品研制成功后,同方威视需要解决产品批量化生产的问题,以满足市场的需求。同方威视与中国海关总署1998年签署了《关于实施H986工程的框架协议》,2001签署了《H986工程二期移动式集装箱检查系统合同》,同方威视产品的供货合同达到40套。2001年5月30日,同方威视正式打入国际市场。在批量化生产阶段,同方威视仍以清华大学科学家团队为主体,通过面向批量化生产的技术整合,为客户提供了质量稳定的各类集装箱检查系统产品。

同方威视通过技术整合解决批量化生产中的问题,优化了批量化生产的技术选择,提高了技术导入的效率,同时实现了技术积累。因为"大型集装箱检查系统"的核心技术为自主研发,在批量化生产中亟待解决的是制作工艺、生产材料、产品优化、易于生产等问题。同方威视在批量化生产中面临的最大困难是检查系统中电子加速管的生产问题。陈怀璧教授回忆说:"加速管最开始都是手工制造的,由技师通过手动机床来加工每一个加速管,这就导致每一个加速管或多或少都有一些不同,无法批量生产。第一代数控机床成功解决了这个问题,实现了批量生产加速管。"在技术选择上,同方威视选择模块化的技术,满足了简单易懂、可实施的标准,为形成适合企业的生产工艺和生产流程打下了基础。

进入批量化生产阶段,同方威视通过清华大学的校园招聘引进了许多技术人才。清华大学的教授们负责解决前沿技术问题或提出技术想法,外聘工程师负责解决批量化生产中的技术问题及实现科研团队提出的技术想法。陈怀璧教授回忆说:"在批量化生产阶段,我们积极寻求外部技术援助,公司通过市场招聘寻找技术人才来解决批量化生产中遇到的技术问题。在这个过程中,我们学校的教授更多起到的是带头的作用,具体问题的解决更多交给了工程师团队。"同方威视意识到自己在产品生产中缺乏相应的经验和技术积累,因而以市场化招聘和购买外部技术的方式,完成了批量化生产所需技术的导入工作。

在选择了合适的技术并完成技术导入后,同方威视将导入的新技术与现有生产流程深度结合。清华大学科研团队掌握着大量协同创新成果的相关技术诀窍和知识,清华大学的教授们带领同方威视的工程师团队高效制定了批量化生产所需的制造流程和制造标准,并以图文的形式形成书面的作业指导书,工人在作业指导书的引导下完成标准化、批量化生产工作。同方威视副总裁说:"我们密云工厂都是当地招的女孩,她们只有初中文化水平,你跟她们讲高深的技术,培训三年也未必能上手;一定要把伟大分解为平凡,把复杂化解成简单,你现在到工厂去看,每个工人案头前都挂着作业指导书,按照图文指导完成若干个流程,就能达到我们批量化生产的标准。"同方威视将导入的技术应用在企业的生产体系中,并顺利通过了ISO9001质量管理体系认证,提高了产品的生产质量。这说明了同方威视技术内化的成功。

同方威视在批量化生产中采用面向批量化生产的技术整合,经过技术选择、技术导入、技术内化三个阶段,具有了批量化生产"大型集装箱检查系统"的能力。在技术整合的三个阶段中,清华大学的科研团队起到了领头羊的作用。在技术选择阶段,科研团队选择了企业真正需要的技术(生产工艺、流程);在技术导入中,科研团队带领工程师团队解决了批量化生产中遇到的问题;在技术内化的过程中,科研团队制定了标准化的制造流程和制造标准,形成了批量化生产所需的作业指导书,并帮助企业顺利通过了ISO9001质量管理体系认证。图6-8展示了同方威视批量化生产中的技术整合和科研团队的作用。

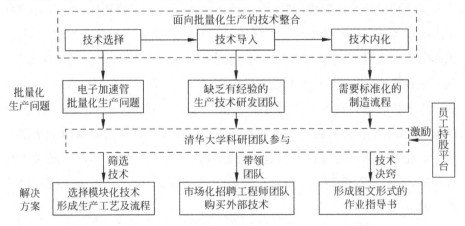

图6-8 同方威视批量化生产中的技术整合和科研团队的作用

6.3.2.3 新市场探索阶段

在向中国海关交付多个"大型集装箱检查系统"产品并顺利进入国际市场后,同方威视与清华大学确立了长期战略合作关系。2004年,双方成立联合研究所,形成了以市场为导向、以同方威视为主体、以清华大学为科研支撑的产学研紧密结合的创新成果转化架构。首先,同方威视按照市场导向提出新课题的研究需求,然后与清华大学共同投入资源支持联合研究所进行科研课题研究。联合研究所培育出相应的协同创新成果后,同方威视负责协同创新成果的商业化工作,商业化收益由双方共享,清华大学将收益用于支持后续的学科建设和人才培养。苗田齐副总裁指出:"一流的产业可以促进一流的科研。"图6-9总结了同方威视与清华大学的产学研合作。

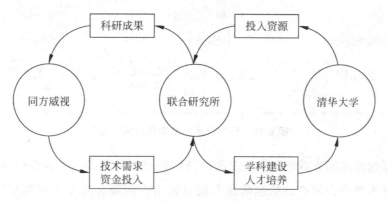

图6-9 同方威视与清华大学的产学研合作

通过与清华大学成立联合研究所以及采用多种创新模式,同方威视"大型集装箱检查系统"完成了多次产品迭代,并且扩展了"安全检查"的多条产品线。在"集装箱检查系统"产品线中,同方威视研制出了"车载式系统""固定式系统""智轨集装箱车辆检查系统""铁路货物/车辆检查系统""航空集装货物检查系统"。在此基础上,同方威视积极扩张其他安检系统产品线,如"货物及车辆成像检查""行李包裹成像检查""人体安全检查""爆炸物违禁品探测""疫情防控""放射性物质监测"等。

在新市场探索阶段,同方威视开展以市场需求为导向的产学研协同创新成果转化工作。苗齐田副总裁说:"我们非常重视销售人员在销售工作中给我们带来的信息,不仅仅是对同方威视产品的反馈,还有客户的潜在需求。与清华大学的联合研究所的研发团队围绕这些没有被满足的需求进行进一步研发,在市场上赢得先机。"同方威视在产品销售中主动积累市场经验,不断识别市场潜在需求,积极开展面向新市场的技术探索,与联合研究所和国内外科研机构开展科研活动,并通过转化协同创新成果来满足市场潜在需求。同时,同方威视与科研机构共享商业化收益,形成市场需求驱动的协同创新成果转化良性循环。图6-10总结了同方威视在新市场探索阶段的创新活动。

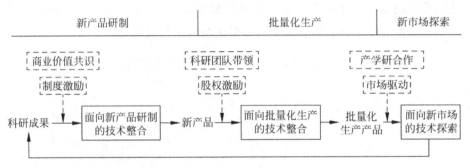

图6-10 同方威视的新市场探索过程

通过梳理同方威视研究开发和协同创新成果转化的三个阶段可以发现,两类技术整合在新产品研制阶段和批量化生产阶段起到了重要的作用。在新产品研制阶段,制度激励和协同创新成果的商业价值促进了同方威视开展面向新产品开发的技术整合。在批量化生产阶段,同方威视在清华大学科研团队的带领下,通过面向批量化生产的技术整合,选择并导入批量化所需的技术,最终形成了相应的制造流程;同时,在员工持股平台的激励下,科研团队更加积极地参与批量化生产。在新市场探索阶段,同方威视通过与清华大学建立联合研究所,与国内外多个科研机构开展产学研合作,促进以市场为导向的协同创新成果转化。图6-11总结了同方威视研究开发及成果转化的总体流程。

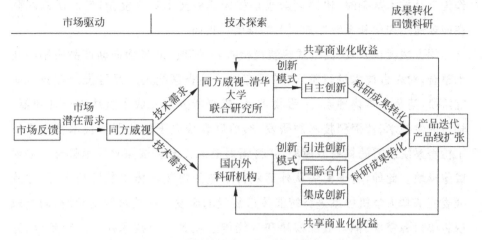

图 6-11 同方威视的研究开发及成果转化总体流程

6.3.3 同方威视协同创新发展不同阶段的运行模式

6.3.3.1 新产品研制阶段的运行模式

协同创新成果转化需要将前沿科学发现与相关技术进行整合,才能完成新产品的研制工作。面向新产品研制的技术整合分为技术研发、技术匹配和实物开发三个阶段,其中技术匹配最为关键。技术匹配阶段连接了高校与科研机构的科研工作和最终的产品开发,在新产品开发中起着承上启下的作用。在协同创新成果转化过程中,企业通过技术研发—技术匹配—实物开发三个阶段所构成的面向新产品研制的技术整合,有助于完成新产品的开发工作。新产品研制中,企业需要将通用知识(与技术相关)和系统知识(与应用相关)进行匹配。对于产品研发团队来说,如果不具备产品创新所需的通用知识,就不能发挥自己在通用知识间的协调作用,而不具备系统知识则不能有效地将产品开发阶段的通用知识与生产系统、供应商网络等外部系统进行连接。因此,产品研发团队需要同时具备通用知识与系统知识,通过采用面向新产品研制的技术整合方法将两类知识进行匹配。将前沿协同创新成果作为产品技术基础时,协同创新成果相较其他技术更为复杂,产品研制团队在匹配通用知识和系统性知识上的难度也更高。

同方威视在开发"固定式集装箱检查系统"时,通过面向新产品研制的技术整合,对多方技术进行整合,最后完成了检查系统的产品开发。在技术研究阶段,清华大学物理系、工程物理系、核研所分别完成了直线电子加速器、辐射成像技术、核探测技术的研发,然后以直线电子加速器为技术基础研发了检查系统所需的辐射源模块,并将辐射成像技术和核探测技术整合为辐射成像模块。此外,由于无法从外部获得成熟的集装箱传送装置技术,同方威视委托清华大学机械系进行智能传送装置的研发。在技术匹配阶段,同方威视将辐射源模块、辐射成像模块和智能传送装置三个技术模块进行整合,完成了"固定式集装箱检查系统"的研制工作,并向海关交付了检查系统。最后,同方威视又顺利导入清华大学物理系的微型电子直线加速器技术,完成了检查系统的优化迭代,先后研制了车载式和组合式集装箱检查系统。通过对同方威视协同创新成果转化的分析,可以看出面向新产品研制的技术整合是协同创新成果实现有效转化的重要手段,而技术匹配是其中的关键环节。

6.3.3.2 批量化生产阶段的运行模式

在完成新产品研制工作后,企业后续面临的问题是如何实现批量化生产。相对于市场上的现有产品,高校科研成果转化的新产品在产品架构、功能上都有较大创新。企业通过采用面向批量化生产的技术整合方法,经技术选择—技术导入—技术内化三个阶段,将批量化生产所需的技术与企业现有知识进行匹配和应用,最终形成相应的生产流程与生产标准。

同方威视批量化生产"固定式集装箱检查系统"所需解决的首要问题是电子加速管的大规模生产问题。为了解决这一问题,同方威视只选择完成了知识模块化的技术,有利于企业形成生产工艺及生产流程。在选择合适的技术后,同方威视的科研团队由于缺乏批量化生产经验,需要成熟的生产技术研发团队将生产工艺及生产流程应用到批量化生产中。因此,在技术导入阶段,同方威视通过招聘工程师团队和购买外部成熟技术,在北京密云搭建了生产"固定式集装箱检查系统"的流水线。在最后的技术内化问题上，同方威视将导入的技术完全应用在生产流程中。同方威视将导入的新技术与现有生产流程深度融合，并以图文的形式写成作业指导书，以指导工人的日常生产。通过对同方威视的协同创新成果转化的分析，可以看出在协同创新成果转化中，企业采用面向批量化生产的技术整合有助于形成生产标准和生产流程，构建批量化生产能力，从而实现企业协同创新成果的产品化与产业化。

6.3.3.3 新市场探索阶段的运行模式

协同创新成果转化的产品往往是突破性的产品，在完成新产品研制和批量化生产后，能为企业带来可观的利润，而企业能否在推出产品后持续进行产品研发、巩固其在行业内的优势位置，是实现协同创新成果转化可持续发展的重要因素。企业员工在完成产品研制和批量化生产后，积累了与技术、工具等协同创新成果转化相关的丰富知识，有利于企业通过组织学习推动持续创新；而通过面向新市场的技术探索，可以使企业不断创新并实现更多的协同创新成果转化。

同方威视在完成"固定式集装箱检查系统"的研制和批量化生产后，利用产品销售所得利润，积极开展新产品和新产品线的研发工作。随着微型电子加速管的研发成功，同方威视在短时间内就完成了组合式和车载式集装箱检查系统的研发工作。与固定式检查系统相比，组合式和车载式集装箱检查系统在占地面积和产品造价上更加满足中国海关的需求。此外，同方威视还拓展了货物及车辆成像检查、行李包裹成像检查等产品线。目前，同方威视拥有包括集装箱检查系统在内的 9 条产品线。同方威视在与高校或科研机构合作完成产品研制和生产后，在面向新市场探索阶段加大了产学研合作的力度。同方威视通过产学研合作获得了开拓新市场所需的技术，同时将获取的超额利润与科研机构共享以强化合作黏性，保持合作发展的可持续性。与科研机构更加紧密的产学研合作，有助于企业减少对协同创新成果的认知差异，以及科研机构对于市场的认知差异，从而源源不断地将协同创新成果转化为产品。同方威视主要采用两种产学研合作模式开展面向新市场的技术探索：一是与清华大学建立联合研究所，将新产品研制所需的技术需求反馈给研究所，以自主创新的模式完成协同创新成果转化工作；二是与国外一些机构保持坚实的合作关系，以引进创新、国际合作、集成创新三个模式开展协同创新成果转化工作。无论是与联合研究所还是国内外科研机构进行合作，为了保持良好的长期合作关系，同方威视都与科研机构共享商业化收益。

6.3.4 同方威视协同创新的生态系统[①]

在创业之初，"带土移植"模式帮助同方威视顺利实现了成果商品化。在后来的发展中，同方威视通过积极创建以我为主的创新生态体系，促进核心能力的持续提升。"带土移植"模式是同方威视创业初期的成功经验。显然，带土移植是一种比喻。任何植物的成长都离不开其赖以生存的土壤和环境，为了保证移植的成活率，人们往往采取带土移植的办法。在同方威视这里，"移植"的对象是科技成果，"土"则比喻科技成果成长的环境，包括人才、技术平台等。带土移植模式创造了一种软环境，通过共享技术、人才、文化、制度等资源，使同方威视迅速全面地接近清华大学的创新资源，将大学的技术研发平台和人才团队成建制地"移植"到公司内部，促使科技成果快速转化，如图 6-12 所示。

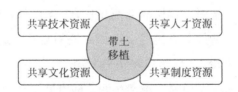

图 6-12 带土移植特征示意图

随着自身研发能力的逐渐提高，同方威视对清华大学的技术依赖逐渐减少。之前承担"带土移植"使命的科研团队逐渐回归清华大学教学科研的主

---

① 吴金希. 从"带土移植"到创建创新生态体系——基于同方威视的探索式案例研究[J]. 中国软科学, 2015(4)：66-75.

战场,清华大学教师在同方威视兼职者少于 5 人,公司内清华大学毕业生的数量也只占 6%,公司从带土移植逐渐转变为自主发展。目前同方威视研发团队规模已达 966 人,超过公司员工总数的一半,每年研发投入强度达到 10% 左右,具备了较强的自主创新能力。

然而,走上自主创新道路的同方威视并没有脱离清华大学而去,而是与清华大学形成了长期产学研合作关系。2004 年,双方共同建立了清华大学-同方威视核技术联合研究所,主要从事关键技术和前沿技术的研究与储备,双方共享研究成果的知识产权。联合研究所成为同方威视的"虚拟中央研究院",科研人员超过 200 人,它不像带土移植模式一样具有时效性,而更像一座桥梁,使同方威视与清华大学的合作关系体制化、长期化。同方威视与联合研究所、清华大学形成了分工明确的协同研发体系,清华大学负责基础研究,联合研究所负责关键技术储备,而同方威视则负责产品开发和应用技术研究。这种合作体系超越了带土移植模式,使合作更具弹性和韧性,既促进了清华大学的基础学科发展,又为同方威视的长期发展打下了坚实的技术基础。两种模式的区别可以用图 6-13 来简单表示。

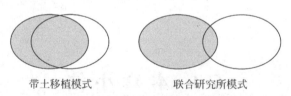

带土移植模式　　　　　　联合研究所模式

图 6-13　带土移植模式与联合研究所模式的比较

注:图中阴影部分表示高校资源,圆中其余部分表示企业资源。

科技成果转化的过程往往是一个从无到有开创新产业的过程。这个过程缺乏必要产业资源支撑是一个普遍现象,因此,如何利用社会的互补性资产创建以我为主的创新生态体系对新创企业而言非常重要。为此,除了在技术上与清华大学合作外,同方威视还遵循敏捷生产和 MRC 管理的理念,整合全球制造资源,建成了以北京密云总装基地为平台的虚拟全球制造网。欧洲知名企业沃尔沃、欧时电子等公司都是其网络成员。对于一些非标零部件配套企业,同方威视与之协同创新,以满足客户的多样化需求。同方威视已经培育了几百家共生企业,如济宁恒松工程机械有限公司、国睿科技股份有限公司等。依靠这套虚拟制造体系,同方威视的交货期由一年半缩短为 6 个月。同方威视的创新生态系统如图 6-14 所示。

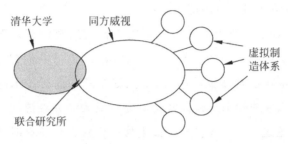

图 6-14　同方威视创新生态系统

通过对同方威视协同创新成果转化的分析,可以看出在协同创新成果转化过程中企业应通过面向新市场的技术探索,连接面向新产品研制和批量化生产的技术整合,形成技术整合闭环,并通过与高校和科研机构建立紧密的产学研合作,实现协同创新成果转化的持续性和有效性,创建以我为主的创新生态系统。

6.4　本章小结

本章的分析表明,市场信息反馈的收集和产学研体系的建立,是企业实现协同创新成果转化的决定因素。市场信息反馈的收集需要企业成立专门团队,从售前、售中和售后全方位收集信息,并进行调研及市场洞察,发现市场需求痛点,探索产业趋势,挖掘新的市场机会,创新产学研协同创新模式。此外,通过研究同方威视的案例可以发现,企业在受到协同创新成果转化相关宏观政策激励后,会更加积极地投入人力和物力进行新产品研制,提高新产品的研制效率,大幅缩短新产品研制的时间,加快协同创新成果的转化。

作为产学研合作创新的一个成功典型，同方威视既不同于发展中国家企业传统的 OEM-ODM-OBM 发展模式，又不同于联想等通过贸工技后来居上的模式。无论在理论上还是政策上，该案例都具有重要意义。作为发展中国家，我国的创新体系存在很多独特性和发展的阶段性，高校与企业之间存在较大的技术鸿沟和人才鸿沟，且存在信用体系不健全、协作创新传统缺乏等机制和文化问题。如何创造条件让高校与企业相互靠近显得尤为重要。同方威视的带土移植模式不仅解决了高校与企业之间的技术和人才鸿沟问题，而且解决了文化鸿沟和制度鸿沟问题。同方威视的先带土移植、后创建创新生态系统的实践对复杂技术成果的转化而言，是一个可以推广的经验，具有重要的政策启示意义。

第 7 章 研究结论与对策建议

本书主要研究产学研协同创新的现状、路径、模式及相关案例,探讨新时代产学研协同创新的发展方向。在此基础上,本章主要总结全书的研究结论,并结合新时代中国实际提出相应的对策建议。

7.1 研究结论

基于演化博弈模型探究产学研协同创新的路径依赖,并通过数值仿真对假设进行验证,确定政府对产学研协同创新的作用程度。同时,通过统计分析和案例解析,探究产学研协同创新的动力、阻碍与运行模式,为新时代产学研协同创新发展提供理论和现实依据,主要结论如下。

7.1.1 产学研协同创新发展是新时代顺应时代发展的重要法宝

产学研协同创新机制的形成和发展是经济、科技、社会发展共同作用的产物,是将以知识为基础的科技成果转化形式体制化的必然结果,也是新时代顺应时代发展的重要法宝。一方面,结合不同时期产学研发展的特点,将其发展历程分为计划经济时期产学研"被动"阶段、聚焦技术创新的产学研联合阶段、聚焦自主创新的产学研融合阶段、由自主创新向重大科技转型的产学研协同创新阶段四个阶段。另一方面,结合新时代的发展特点,阐明了产学研协同创新的必要性,并为未来的发展指明了方向。协同创新是新时代顺应创新发展趋势的必然选择,是国家破解核心技术"卡脖子"困境的关键支撑,更是国家推进创新发展战略的重要抓手。

7.1.2 产学研协同创新机制是各主体相互作用的结果

高校/科研机构-政府-产业界的合作创新模式是一个复杂的潜在不稳定的系统。在这一系统中,参与者与机构都是相互作用,并且自适应的,即在一定的体制约束和机会中能自动调节它们的位置。它们之间的相互作用形成了产学研协同创新的机制。不过,这一机制不是自然而然产生的,而是系统内部各主体共振的结果。在很多情况下,几种力量同时起作用。有的是在市场、科技、政府、社会发展推动下,产学研合作各方才产生了合作的可能;有的是产学研各方在既有合作成效的前提下,又受到市场竞争和政府支持的驱动;有的则是因为有了政府的扶持,原有的产学研合作才跃上一个新的台阶。同时,产学研协同创新体系中的驱动、运行和保障机制也不是独立发挥作用,而是通过形成合力共同作用于协同创新活动的整个过程,相互之间也发生联系和影响。在这一机制中,所有动力因素及其系统通过协同作用与耦合,在特定的创新活动中相互促进、彼此依存、交叉融合、协同发展,进一步形成功能强大的"合动力",有力促进了产学研协同创新总体目标的实现,提升了国家创新能力。

7.1.3 高校/科研机构成为产学研协同创新的重要节点

随着知识经济和数字经济的不断深入,高校/科研机构的作用不断增强。

高校/科研机构作为经济发展参与者的出现不仅改变了企业和高校/科研机构关系的性质,也使高校/科研机构成为地区的重要角色。高校通过发挥人才资源、学科、设施设备及科研环境等方面的突出优势,通过更好地结合基础研究和应用研究,通过与产业、政府的有效合作迅速实现成果产业化,日益成为产学研协同创新机制的重要节点以及地区、国家经济发展的关键点,与企业及政府、研究机构一起,成为国家创新体系中的重要角色。

7.1.4 企业是产学研协同创新的积极参与者

与高校/科研机构、政府相比,企业的科技创新优势在于资金及其对市场的精准把握和迅速将成果转化为现实生产力的能力。这种诉求和优势决定了企业在产学研协同创新体系中的关键地位。企业参与产学研协同创新的主要诉求是通过知识产权的应用和转化形成核心竞争力,进而赢得更高的收益。企业在产学研协同创新机制中往往扮演着某项创新活动的发起者、资金投入者和科研成果二次开发及市场转化者的角色,通过投入资金、提供需求、共同研发对产学研协同创新的方向和进展产生重要影响,并通过合作,充分利用高校的基础研究和应用研究成果转化降低创新成本和风险,在获得预期收益的同时推动技术进步。

7.1.5 政府在产学研协同发展中发挥重要作用

由演化结果可知:政府实施创新资助对企业选择参与协同创新活动有一定的激励作用,效果很显著。政府通过行政、法律、经济等手段对产学研协同创新系统进行直接干预,在产学研驱动、运行和保障各项机制的构建和完善过程中发挥了不可替代的主导作用,是产学研实践的重要发起者和主要推动力量。政府的创新激励政策不仅有助于提高企业的研发投资热情,也有助于提高产学研协同创新的动力。但政府与市场的边界需要政府在监管和创新服务过程中保持警惕,做到"有所为,不乱为"。尤其是,应在尽快使行政职权得到集中的同时规范各级权力事项,形成完善统一的权力清单,做到有法可依、有章可循,让改革顺利进行,放权顺利开展。同时,应更多以"不见面审批"方式进行审评,利用科技手段实现"少跑路,多办事"。例如,配套审批在网上进行,不能将压缩时限建立在增加基层部门工作压力的基础上。

7.1.6 "闭环模型"的运行模式提高了产学研协同创新的成果转化率

现实数据表明,我国每年取得的省部级以上科技成果有3万多项,但成果转化率仅为25%左右,真正能实现产业化的不足5%。目前我国科技投入占国内生产总值的比重年均增长率达20%,而整体科技成果转化率仅为10%左右,远低于发达国家40%的水平。[①] 从实践角度看,市场反馈的收集和产学研体系的建立是企业持续实现协同创新成果转化的决定因素。一方面,市场反馈的收集需要企业成立专门团队,从售前、售中、售后全方位收集信息,同时专业市场团队进行调研及洞察,找到需求所在,探索趋势,挖掘新的市场机会;另一方面,产学研创新体系的搭建需要企业在合作过程中不断完善自己的科研团队,增加创新投入,将协同创新成果转化为商业化产品,填补市场空白。通过对同方威视的深入调研发现,企业在受到协同创新成果转化相关宏观政策激励后,会更加积极地投入人力和物力进行新产品研制,从而提高新产品的研制效率,极大缩短新产品研制的时间。

7.2 对策建议

习近平总书记指出:"创新是一个民族进步的灵魂,是一个国家兴旺发达的不竭动力,也是中华民族最深沉的民族禀赋。在激烈的国际竞争中,惟创

---

① 姚艳虹,陈彦文,韩树强. 产学研协同创新冲突成因、特征及治理策略[J]. 企业经济,2017(11):42-47.

新者进,惟创新者强,惟创新者胜。"①企业协同创新成果转化工作有着高风险、长周期的普遍特征,导致许多企业不能有效开展协同创新成果转化工作。宏观创新政策通过税收、补贴、人才引进等方法,对协同创新成果转化有着重要激励作用。基于此,在政策制定上我们给出以下五点建议。

7.2.1 打造产学研协同创新平台,助力国家科技研发与成果转化

前沿科技探索能力的强弱,决定了一国基础科学研究水准和国际高科技竞争力的高低,影响着国家在国际科技竞争舞台上的表现。放眼世界上名列前茅的科技强国,都在前沿科技探索上投入了可观的人力、物力资源,科技强国地位的实现需要国家高效开展科研活动作为支撑。产学研协同创新成果转化率偏低是内外部因素共同影响的结果。体制不健全、机制不完善、市场信息流通度不够等外部因素会影响创新成果转化,技术整合能力欠缺导致科研成果商业化不能闭环等内部因素也会影响创新成果转化。政策制定者应着力推进产学研协同创新平台建设,从而打通科研机构间、高校与市场间、企业与学研机构间的信息堵点,打造我国独特的协同创新与技术转化生态体系。

7.2.2 加强关键核心技术协同攻关,全力突破"卡脖子"困境

政府在制定政策时,应充分发挥中国特色社会主义市场经济的制度优势,"集中力量办大事",对国家重大、基础、前沿、交叉领域的协同创新成果转化提供资金、政策、技术、业务全方位支持,通过税收、补贴、人才引进等方法对协同创新成果转化工作进行引导与激励,助力高校资产经营公司衔接科研机构及市场资源,并通过建立高校协同创新平台机制,帮助企业与科研机构

---

① 习近平:在欧美同学会成立100周年庆祝大会上的讲话[EB/OL]. http://zqb.cyol.com/html/2013-10/22/nw.D110000zgqnb_20131022_1-02.htm.

达成紧密的合作关系。通过政策推动,使高校协同创新成果实现有效与可持续的转化,为我国实现高水平科技自立自强夯实基础。

7.2.3 营造良好的创新生态环境,降低创新外部成本

企业的创新成果有被侵占的风险,在没有完善制度保护的情况下,企业的创新投资积极性会大打折扣。同时,企业参与协同创新也会受到营商环境的影响。营造良好的营商环境不仅是提高企业研发投资热情的需要,还有助于提高制造业企业参与协同寻求自主创新的动力。政府在监管和创新服务过程中需要注意政府与市场的边界,做到"有所为,不乱为"。降低企业的营商成本,需要政府坚守到打通服务工作的"最后一毫米",最终推动"放管服"的一体化改革。

7.2.4 完善政策体系,为协同创新提供机制保障

由于产学研协同创新是一项风险系数很高的商业活动,参与各方必然要求在利润方面获得相应的回报和补偿。同时,产业界和科研机构/高校都希望降低产学研协同创新的风险。因此,由政府出面制定各种优惠政策,健全创新政策体系,完善合作环境和体系,是促进产学研合作的必要条件。政府除了通过计划项目直接对产学研协同创新进行投资外,还应加快发展风险投资市场,制定支持产学研合作的科研规划和科技计划,健全财税、融资和促进人员流动等政策,构建多元化的产学研协同创新政策体系,促进产学研协同创新体系的发展和完善。

7.2.5 提升科技中介服务水平,为协同创新提供有力支撑

在产学研合作中存在由于"中介失灵"而产生的合作深化问题,使产学研合作难以通过深化达到更高的层次(白庆华等,2007;宋健,陈士俊,2008;祝

俊等,2008)。中介服务是深化产学研合作不可或缺的支撑体系。各种类型的中介服务机构和行业组织用卓有成效的工作在产学研协同创新体系中发挥着黏结服务的作用,为协同创新主体提供融资、培训、管理、咨询、调研等多方面的服务,是促进产学研协同创新的桥梁,在产学研协同创新体系中发挥着重要作用。我国由于创新体系建设起步较晚,尚未大量发展起具有较高服务水平的中介机构,机构从业人员的科技和专业素质与新时代产学研协同创新发展要求还有一定差距,服务的全面性和规范性还不够,影响了我国产学研协同创新体系的高效运行。因此,需要大力推动和支持科技中介组织的发展,建立社会化、网络化的科技中介服务体系,健全中介服务体系,提升中介服务队伍整体素质,着力打造中介服务的支撑力,推动产学研协同创新可持续发展。

  总之,在创新日益成为国家、民族发展不竭动力的时代,必须把产学研协同创新作为提升我国自主创新能力、建设创新型国家的重要战略,必须站在国家战略高度,重视产学研协同创新机制的建立和完善,通过机制体制创新,建立多元、动态、融合、持续的具有中国特色、符合时代需要的产学研协同创新机制,促进创新活动从个体封闭向流动开放转变,促进创新要素从分散低效向汇聚融合转变,促进知识创新、技术创新、产品创新,从分割状态向整个产业链的上、中、下游联合贯通转变,着力推动产学研协同创新更好更快地向前发展,形成强大的、有利于协同创新的可持续发展能力,不断提升我国整体创新实力,为建设创新型国家、为实现中华民族伟大复兴做出新的更大的贡献。

参考文献

[1] 宋国友,张纪腾.战略竞争、出口管制与中美高技术产品贸易[J].世界经济与政治,2023(3):2-31+156.

[2] 何郁冰.产学研协同创新的理论模式[J].科学学研究,2012,30(2):165-174.

[3] 刘芳.社会资本对产学研合作知识转移绩效影响的实证研究[J].研究与发展管理,2012,24(1):103-111.

[4] 陶爱祥.低碳经济视角下的产学研协作问题研究[M].南京:东南大学出版社,2012,11:108.

[5] ANSOFF H. Corporate strategy[M]. New York:McGraw Hill Book Company,1987.

[6] 赫尔曼·哈肯.协同学——大自然构成的奥秘[M].凌复华,译.上海:上海译文出版社,2001.

[7] GLOOR P. Swarm creativity:competitive advantage through collaborative innovation networks [J]. New Business Ideas & Trends,2006,4(1):45-59.

[8] PERKMANN M,WALSH K. University-Industry Relationship and Open Innovation towards a Research Agenda[J]. International Journal of Management Reviews,2007(92):59-280.

[9] 胡恩华,刘洪.基于协同创新的集群创新企业与群外环境关系研究[J].科学管理研究,2007(3):23-26.

[10] 常西银,孙遇春.协同创新能力与知识扩散的交互影响分析及对策研究——基于企业网络关系嵌入的视角[J].上海经济研究,2018(5):34-41.

[11] 焦媛媛,刘亚光,熊剑芳,等.项目组合成功测量及其影响因素:基于中国情境的实证研究[J].管理评论,2016,28(10):214-228.

[12] 盛伟忠,陈劲.制造业中小企业创新能力测度指标研究[J].管理工程学报,2015,29(4):49-55.

[13] 陈劲.十三五的创新政策展望[J].科学与管理,2015,35(1)：3-6.

[14] 陈劲.产业关键核心技术"卡脖子"问题的突破路径[J].中国经济评论,2021(2)：64-67.

[15] ETZKOWITZ H,LEYDESDORFF L A. Universities and the Global Knowledge Economy：A Triple Helix of University-Industry-Government Relations[M]. New York：Thomson Learning,1997.

[16] 宋东林,付丙海,唐恒.基于全生命周期的科技计划项目过程管理评价体系构建[J].科学管理研究,2011,29(1)：32-36+52.

[17] 赵健.浅谈硕士点建设对于应用型地方高校转型的作用研究——以绍兴文理学院为例[J].知识文库,2017(3)：203.

[18] 孙健慧,赵黎明.政府补贴下产学研协同创新体系资源共享行为分析[J].科技管理研究,2017,37(19)：22-30.

[19] NAJAFI T S,NAJAF T Z,NAUDE P,et al. How collaborative innovation networks affect new product performance：Product innovation capability, process innovation capability, and absorptive capacity[J]. Industrial Marketing Management,2018, 4(73)：193-205.

[20] 陆园园.切实推动产学研深度融合[N].经济日报,2019-08-19(14).

[21] 王晓红,张奔.校企合作与高校科研绩效：高校类型的调节作用[J].科研管理, 2018,29(2)：135-142.

[22] 王海军,陈劲.科技资源对产学研用协同创新的影响及对策研究——以我国石油天然气装备产业为例[J].青海社会科学,2018(2)：100-108.

[23] FLORIAN S. Research subsidies, industry-university cooperation and innovation[J]. Research Policy,2018,47(7)：1256-1266.

[24] FISCHER B,SCHAEFFER P,VONORTAS N. Evolution of university-industry collaboration in Brazil from technology upgrading perspective[J]. Technological Forecasting and Social Change,2019,145(8)：330-340.

[25] 王文静,高敏雪.中国产学合作模式下的知识存量研究[J].数量经济技术经济研究,2019,36(4)：139-154.

[26] GANS J S,et al. The Impact of Uncertain Intellectual Property Rights on the Market for Ideas：Evidence from Patent Grant Delays[J]. Management Science,2008, 54(5)：982-997.

[27] 刘丹,闫长乐.协同创新网络结构与机理研究[J].管理世界,2013(12)：1-4.

[28] RAJALO S,VADI M. University-industry innovation collaboration：Reconceptualization [J]. Technovation,2017,4(62)：42-54.

[29] 吴悦,张莉,顾新.知识流动视角下产学研协同创新过程的协同作用研究[J].兰州大学学报(社会科学版),2016,44(4)：128-136.

[30] LIM G. Value chain upgrading：Evidence from the Singaporean aquaculture industry [J]. Marine Policy,2015(63)：191-197.

[31] GHOSH M. R&D policies and endogenous growth: A dynamic general equilibrium analysis of the case for Canada[J]. Review of Development Economics, 2007, 11(1): 187-203.

[32] MORRISON A. Gatekeepers of knowledge within industrial districts: Who they are, how they interact[J]. Regional Studies, 2008, 42(6): 871-835.

[33] YAN T, DOOLEY K. Buyer-supplier collaboration quality in new product development projects[J]. Journal of Supply Chain Management, 2014, 50(2): 59-83.

[34] NAVAS A L. The impact of operating in multiple value chains for upgrading: the case of the Brazilian furniture and footwear industries[J]. World development, 2011, 39(8): 1386-1397.

[35] 甄红线,贾俊艳. 产学研协同创新的科学内涵与实现路径[J]. 金融教学与研究, 2013(2): 35-41.

[36] 于兆吉,周松涛,王海军. 基于比较优势理论的产学研协同创新动力机制研究[J]. 沈阳工业大学学报(社会科学版), 2015, 8(5): 385-389.

[37] OPRIEOVIE S, TZENG G H. Multicriteria planning of post-earthquake sustainable reconstruction[J]. Computer-Aided Civil and Infrastructure Engineering, 2010, 17(3): 211-220.

[38] LINH C T, HONG Y. Channel coordination through a revenue sharing contract in a two-period newsboy problem[J]. European Journal of Operational Research, 2009, 198(3): 822-829.

[39] SCHWARTZ M, PEGLOW F, FRITSCH M, et al. What drives innovation output from subsidized R&D cooperation? Project-level evidence from Germany[J]. Technovation, 2012, 32(6): 358-369.

[40] 文玉春. 我国产业创新的模式与路径选择研究[J]. 经济问题, 2017(1): 1-10.

[41] 黄善菁,原毅军. 协同创新、地方官员变更与技术升级[J]. 科学学研究, 2018, 36(6): 1143-1152.

[42] 单勤琴. 空间关联视角下协同创新对装备制造业产业结构升级的影响[J]. 系统工程, 2020, 38(3): 17-26.

[43] 阳银娟,陈劲. 企业实际独占性机制对开放式创新的影响[J]. 技术经济, 2018, 37(2): 2-9+76.

[44] 潘锡杨,李建清. 区域协同创新的"火箭模型"及其机理研究[J]. 科技进步与对策, 2014, 31(15): 30-34.

[45] 张健. 产学研协同创新与区域互动的概念模型构建[J]. 商业经济, 2015(9): 39-40+118.

[46] 朱志红,邱书香,徐平,等. 资源型城市产学研协同创新系统的要素分析及模型构建[J]. 华北水利水电大学学报(社会科学版), 2016, 32(5): 13-16.

[47] 王延荣,宋磊,赵文龙. 产学研协同创新的系统动力学建模与仿真[J]. 华北水利水

电大学学报(社会科学版),2015,31(4):90-95.

[48] 段云龙,张新启,余义勇.产业技术创新战略联盟稳定性影响因素研究[J].经济问题探索,2019(2):173-182.

[49] SANTOS F M,EISENHARDT K M. Constructing markets and shaping boundaries: Entrepreneurial power in nascent fields[J]. Academy of Management Journal,2009, 52(4):643-671.

[50] BACILA M F,GICA O A. Knowledge networks as channels and conduits: The effects of spillovers in the Boston biotechnology community[J]. Organization Science,2004,15(1):5-21.

[51] 夏红云.产学研协同创新动力机制研究[J].科学管理研究,2014,32(6):21-24.

[52] 韦梦.产学研协同创新政策环境动态优化研究[D].南宁:广西大学,2019.

[53] 张小筠,刘戒骄,谢攀.政府基础研究是否有助于经济增长——基于内生增长理论模型的一个扩展[J].经济问题探索,2019(1):1-10.

[54] 何华沙.市场驱动型产学研合作理论与实践研究[D].武汉:武汉大学,2014.

[55] BENGTSSON L,LAKEMOND N,LAZZAROTTI V,et al. Open to a select few? Matching partners and knowledge content for open innovation performance[J]. Creativity & Innovation Management,2015,24(1):72-86.

[56] YOON J,PARK H W. The unbalanced dynamics in Sino-South Korea scientific and technological collaboration: a triple helix perspective with insights from paper and patent network analysis[J]. Asian Journal of Technology Innovation,2017,25(1): 184-198.

[57] HAGEDOORN J,et al. Research partnerships[J]. Research Policy,2000(29): 567-586.

[58] 王章豹,祝义才.产学合作:模式、走势、问题与对策[J].科技进步与对策,2000(9): 115-117.

[59] 吴晓云,李辉.内向型开放式创新战略选择与创新绩效匹配研究[J].科学学与科学技术管理,2013,34(11):94-102.

[60] 陈立泰,林川.政府在产学研联盟中的角色及行为研究[J].科技管理研究,2009,29(7):123-126.

[61] 高霞,陈凯华.基于SIPO专利的产学研合作模式及其合作网络结构演化研究——以ICT产业为例[J].科学学与科学技术管理,2016,37(11):34-43.

[62] 姚潇颖,卫平,李健.产学研合作模式及其影响因素的异质性研究——基于中国战略新兴产业的微观调查数据[J].科研管理,2017,38(8):1-10.

[63] 陈继勇,周琪.新兴技术产业化演进及其对中国战略性新兴产业发展的启示[J].湖北社会科学,2012(11):66-69.

[64] 胡守忠,宋勤建,薛焕美.地方高校科技服务与地区产学研互动发展模式的探索[J].研究与发展管理,2009,21(5):101-105+113.

[65] 谢园园,梅姝娥,仲伟俊.产学研合作行为及模式选择影响因素的实证研究[J].科

学学与科学技术管理,2011,32(3):35-43.

[66] 任培民,赵树然.期权-博弈整体方法与产学研结合利益最优分配[J].科研管理,2008(6):171-177.

[67] 黄波,孟卫东,李宇雨.基于双边激励的产学研合作最优利益分配方式[J].管理科学学报,2011,14(7):31-42.

[68] 李梅芳,赵永翔,唐振鹏.产学研合作成效关键影响因素研究——基于合作开展与合作满意的视角[J].科学学研究,2012(12):113-122.

[69] 潘宏亮.社会资本、知识获取与企业新产品开发能力关系研究[J].财经论丛,2013(2):112-116.

[70] 张健,王粲璨.产学研协同创新:从1+1到1×1——基于组织结构、机制和模式的视角[J].中国高校科技,2016(7):32-33.

[71] 陈柳.信任、声誉与产学研合作模式[J].科技管理研究,2015,35(12):233-236+250.

[72] 杨子刚.政府介入情景下产学研协同创新合作模式的博弈分析[J].东北师大学报(哲学社会科学版),2018(3):85-89.

[73] INKPEN A,CURRALL S C. The Coevolution of Trust Control and Learning in Joint Ventures[J]. Organization Science,2004,15(5):586-599.

[74] BEKKERS R,FREITAS I M B. Analysing knowledge transfer channels between universities and industry: To what degree do sectors also matter?[J]. Research Policy,2008,37(10):1837-1853.

[75] 肖丁丁,朱桂龙.产学合作中的知识生产效率——基于"模式Ⅱ"的实证研究[J].科学学研究,2012,30(6):895-903.

[76] 张秀峰,陈光华,杨国梁,等.企业所有权性质影响产学研合作创新绩效了吗?[J].科学学研究,2015,33(6):934-942.

[77] 苏屹,林周周.区域创新活动的空间效应及影响因素研究[J].数量经济技术经济研究,2017,34(11):63-80.

[78] SAUNILA M,UKKO J,RANTALA T. Sustainability as a driver of green innovation investment and exploitation[J]. Journal of Cleaner Production,2018,179(4):631-641.

[79] 张海燕,张正堂,陈传明.企业组织结构化的动态闭环整合模型——基于知识逻辑[J].当代财经,2017(7):71-80.

[80] OKASHA S,PATERNOTTE C. Group adaptation, formal darwinism and contextual analysis[J]. Journal of Evolutionary Biology,2012,25(6):1127-1139.

[81] 周晶淼,武春友,肖贵蓉.绿色增长视角下环境规制强度对导向性技术创新的影响研究[J].系统工程理论与实践,2016,36(10):2601-2609.

[82] 何郁冰,梁斐.产学研合作中企业知识搜索的影响因素及其作用机制研究[J].科学学与科学技术管理,2017,38(3):12-22.

[83] SERRANO V,FISCHER T. Collaborative Innovation in Ubiquitous Systems[J].

Journal of Intelligent Manufacturing,2007,18(5):11-43.

[84] WIRSICH A, KOCK A, STRUMANN C, et al. Effects of university industry collaboration on technological newness of firms[J]. Journal of Product Innovation Management,2016,33(6):708-725.

[85] DEVARAKONDA S, REUER J. Knowledge sharing and safeguarding in R&D collaborations: The role of steering committees in biotechnology alliances[J]. Strategic Management Journal,2018,39(7):12-34.

[86] MOTOHASHI K, YUN X. China's innovation system reform and growing industry and science linkages[J]. Research Policy,2007,36(8):1251-1260.

[87] 丘缅,王浩.基于关系嵌入的产学研联盟社会资本生成机制研究[J].科技进步与对策,2015,32(22):15-20.

[88] 马文聪,叶阳平,徐梦丹,等."两情相悦"还是"门当户对":产学研合作伙伴匹配性及其对知识共享和合作绩效的影响机制[J].南开管理评论,2018,21(6):95-106.

[89] AGHION P, FESTRE A. Schumpeterian Growth Theory, Schumpeter, and Growth Policy Design[J]. Journal of Evolutionary Economics,2017,27(1):25-42.

[90] 李林,王艺,黄冕,等.政府介入与产学研协同创新运行机制选择关系研究[J].科技进步与对策,2020,37(10):11-20.

[91] 约瑟夫·阿洛伊斯·熊彼特.经济发展理论[M].南昌:江西教育出版社,2014.

[92] CHESBROUGH H W. Open innovation: The new imperative for creating and profiting from technology[M]. Boston: Harvard Business Press,2003.

[93] 陈钰芬.企业开放式创新的动态模式研究[J].科研管理,2009,30(5):1-11.

[94] 高良谋,马文甲.开放式创新:内涵、框架与中国情境[J].管理世界,2014(6):157-169.

[95] 黎海.开放式创新对新型研发机构发展的启示[J].科技管理研究,2017,37(17):124-130.

[96] WATTS D J, STROGATZ S H. Collective dynamics of 'small-world' networks[J]. Nature,1998,393:440-442.

[97] ETZKOWITZ H, LEYDESDORFF L. The Triple Helix-University-Industry-Government Relations: A Laboratory for Knowledge Based Economic Development [J]. EASST Review,1995,14(1):14-19.

[98] 李世超,蔺楠.我国产学研合作政策的变迁分析与思考[J].科学学与科学技术管理,2011,32(11):21-26.

[99] 戴浩,柳剑平.政府补助对科技中小型企业成长的影响机理——技术创新投入的中介作用与市场环境的调节作用[J].科技进步与对策,2018,35(23):137-145.

[100] 蓝晓霞.美国产学研协同创新机制研究[M].北京:北京交通大学出版社,2014.

[101] 洪银兴,等.产学研协同创新研究[M].北京:人民出版社,2015.

[102] 陈卫东,李晓晓.产学研协同创新互动模式分析[J].天津大学学报(社会科学版),2016,18(1):1-5.

[103] 周正,尹玲娜,蔡兵.我国产学研协同创新动力机制研究[J].软科学,2013,27(7):52-56.

[104] 彭纪生,吴林海.论技术协同创新模式及建构[J].研究与发展管理,2000,12(5):12-16.

[105] 鲁若愚.企业大学合作创新的机理研究[D].北京:清华大学,2002.

[106] 陈劲,阳银娟.协同创新的理论基础与内涵[J].科学学研究,2012,30(2):161-164.

[107] 洪银兴.科技创新中的企业家及其创新行为——兼论企业为主体的技术创新体系[J].中国工业经济,2012(6):83-93.

[108] 徐梦丹,朱桂龙,马文聪.产学研协同创新动力机制分析——基于自组织特征视角[J].技术经济与管理研究,2017(6):9-13.

[109] 王章豹,韩依洲,洪天求.产学研协同创新组织模式及其优劣势分析[J].科技进步与对策,2015,32(2):24-29.

[110] 王洪明.复杂性视角下的教育决策机制研究[D].大连:辽宁师范大学,2008:15-16.

[111] 盛永祥,胡俊,吴洁,等.技术因素影响产学研合作创新意愿的演化博弈研究[J].管理工程学报,2020,34(2):172-179.

[112] 庄涛,王桂东.官产学研协同创新四维关系研究——基于三螺旋视角[J].技术经济与管理研究,2017(8):27-32.

[113] 朱勇.产学研自平衡运营机制研究[J].科技管理研究,2009(7):95-97.

[114] 吕海萍,龚建立.产学研相结合的动力-障碍机制实证分析[J].研究与发展管理,2004,16(2):58-62.

[115] 戴浩,柳剑平.政府补助对科技中小型企业成长的影响机理——技术创新投入的中介作用与市场环境的调节作用[J].科技进步与对策,2018,35(23):137-145.

[116] 王进富,张颖颖,苏世彬,刘江南.产学研协同创新机制研究——一个理论分析框架[J].科技进步与对策,2013,30(16):1-6.

[117] 王瑞鑫,李玲娟.产学研协同创新的理论框架研究[J].科学管理研究,2017,35(5):17-21.

[118] 傅强,李成文.产业转型压力驱动下的政产学研协同创新机制研究[J].科教文汇(中旬刊),2012(7):1-2.

[119] 龚红,查冰川.产学研协同创新组织模式演进与优化研究[J].科技进步与对策,2014,31(21):22-26.

[120] 王海军,祝爱民.产学研协同创新理论模式:研究动态与展望[J].技术经济,2019,38(2):62-71.

[121] 于天琪.产学研协同创新模式研究——文献综述[J].工业技术经济,2019(7):88-92.

[122] 孙福全,陈宝明,王文岩.主要发达国家的产学研合作创新:基本经验及启示[M].北京:经济管理出版社,2008.

[123] 温裕峰.高校带动型产学研协同创新模式研究[D].桂林:广西师范大学,2015.
[124] 李晓慧,贺德方,彭洁.美、日、德产学研合作模式及启示[J].科技导报,2017,35(19):81-84.
[125] 李校堃.国外产学研合作模式概述及其对我国高校教学的启示[J].现代企业教育,2014(10):172.
[126] 费艳颖,姜国峰,王越.美日韩大学参与产学研协同创新模式及对我国的启示[J].科学管理研究,2014,32(1):106-109.
[127] 白雪飞,王雪艳.产学研协同创新运行模式及优化策略[J].沈阳师范大学学报(社会科学版),2015(4):54-57.
[128] 鲁若愚,张鹏,张红琪.产学研合作创新模式研究——基于广东省部合作创新实践的研究[J].科学学研究,2012(2):186-193.
[129] 王文岩,孙福全,申强.产学研合作模式的分类、特征及选择[J].中国科技论坛,2008(5):37-40.
[130] 张小萍.深化产学研合作技术创新模式的政策路径探析:基于深圳市宝安区的实证研究[D].厦门:厦门大学,2012.
[131] 陈云.产学研合作相关概念辨析及范式构建[J].科学学研究,2012,30(8):1206-1210.
[132] 李正风,张寒.大学技术转移"带土移植"社会网络的塑造:基于同方威视的案例分析[J].科学与社会,2013,3(3):121-135.
[133] 胡海峰.孵化、转移、回馈、联盟:大学衍生企业的创新发展路径:以威视股份公司为例[J].中国软科学,2010(7):58-63.
[134] 吴金希.从"带土移植"到创建创新生态体系——基于同方威视的探索式案例研究[J].中国软科学,2015(4):66-75.

后　记

随着《新时代产学研协同创新机制研究》一书的篇章最终落笔，我内心充满了难以言表的感激与欣慰。因为这本书是在我清华大学经济管理学院博士后出站报告的基础上修改而成的成果，这不仅标志着我个人学术研究一个阶段性成果的完成，更是我在学术道路上一个新的起点。在此，我诚挚地向所有给予我无私帮助和支持的老师、朋友们表达无限感激之情。

首先，必须感谢我的指导老师焦捷教授。我在清华大学经济管理学院从事博士后研究的宝贵时光里，焦捷教授不仅是我的学术导师，更是我科研道路上的引路人。他以丰富的学识和深邃的洞察力，为我的研究工作提供了无私的指导和帮助。每当我在研究中遇到难题时，焦捷教授总能以他独到的视角和建议，引导我找到问题的解决之道。他的亲切关怀和精心指导，是我在学术探索中坚定前行的动力源泉。

我还要特别感谢我的硕士研究生导师、中国政法大学胡继晔教授，我的博士研究生同学高亚林，以及广西师范大学经济管理学院陆奇岸院长。在我撰写报告和书稿的过程中，他们给予了我很多的指导和建议。胡继晔教授严谨的学术态度、深厚的学术造诣和对我的悉心指导，让我在学术上受益匪浅。高亚林同学和陆奇岸院长也为我的研究增添了许多新的视角和思路。因为有他们的支持和帮助，我才能够克服重重困难、顺利完成本书的撰写。

新时代产学研协同创新机制研究

还有清华大学出版社的领导和编辑老师们,我更是充满了敬意和感激。在整个出版过程中,他们展现出了极高的专业素养和敬业精神。无论是对书稿的细致审阅,还是对出版流程的精心安排,他们都做到了尽心尽力。没有他们的辛勤付出和无私奉献,这本书是无法如此顺利地与广大读者见面的。他们对学术出版的执着追求和不懈努力,让每一位作者都深感欣慰和鼓舞。

在写作本书的过程中,我参考和引用了众多国内外学者的研究成果。这些文献不仅为我提供了丰富的研究素材,更是激发了我深入研究的灵感。在此,我要对所有参考文献的作者和译者表示最诚挚的感谢和敬意。正是因为有了他们的开创性工作,我的研究才能够站在巨人的肩膀上,得以更远地望见知识的海洋。

回顾整个写作过程,每一步都凝聚着无数的汗水和心血。从最初构思出站报告的主题,到不断地搜集资料、分析数据、构建理论框架,再到一次次地修改和完善书稿,每一个环节都是对我的耐心、毅力和智慧的挑战。然而,当我看到自己的努力逐渐凝结成文字,当我看到自己的研究成果能够为学术界和实践界提供一定的参考和借鉴时,所有的辛苦都变得微不足道。

《新时代产学研协同创新机制研究》的完成,并不意味着我对这一领域的探索已经结束。相反,它是一个新的开始。在未来的日子里,我将继续深化对产学研协同创新机制的研究,不断探索新的理论和方法,以期为我国产学研协同创新的发展贡献更多的智慧和力量。

最后,我要再次感谢所有支持和帮助过我的老师和朋友们。是他们的鼓励和支持,让我有勇气面对学术研究中的困难和挑战;是他们的智慧和经验,让我能够在学术的道路上不断进步和成长。《新时代产学研协同创新机制研究》的问世,是我们共同努力的成果。我期待着与广大读者的交流和分享,共同为推动我国产学研协同创新的发展而努力。同时也希望本书能够为我国新时代产学研协同创新机制的研究和实践提供有益的参考和启示。

韦政伟
2024 年 6 月 26 日于北京